MEMORIAS DE AUSENCIA DESDE LAS SENTENCIAS JUDICIALES: ANÁLISIS DE NARRATIVAS DE DESAPARICIÓN FORZADA EN SITIOS FUNERARIOS RURALES Y URBANOS DE ANTIOQUIA

LAURA FERNANDA
JAIMES ALVARADO
MÓNICA JOHANNA
GIEDELMANN REYES
BLANCA YOLANDA
SIERRA LEÓN
(editoras)

MEMORIAS DE AUSENCIA DESDE LAS SENTENCIAS JUDICIALES:

ANÁLISIS DE NARRATIVAS DE DESAPARICIÓN FORZADA EN SITIOS FUNERARIOS RURALES Y URBANOS DE ANTIOQUIA

PRODUCTO DE LA INVESTIGACIÓN, FINANCIADO POR EL MINISTERIO DE CIENCIA, TECNOLOGÍA E INNOVACIÓN Y EL CENTRO NACIONAL DE MEMORIA HISTÓRICA (CNMH) CON LA CONVOCATORIA 872 DE 2020

UNIVERSIDAD EXTERNADO DE COLOMBIA
UNIVERSIDAD DE SANTANDER

Memorias de ausencia desde las sentencias judiciales : análisis de narrativas de desaparición forzada en sitios funerarios rurales y urbanos de Antioquia / Laura Fernanda Jaimes Alvarado, Mónica Johanna Giedelmann Reyes, Blanca Yolanda Sierra León (editoras) ; Ariet Castillo Fernández [y otras siete]. -- Bogotá : Universidad Externado de Colombia, 2022. – Primera edición.
174 páginas : mapas, fotografías a color ; 24 cm.

Incluye referencias bibliográficas al final de cada capítulo.

ISBN: 9789587909876 (impreso)

1. Desapariciones forzadas – Aspectos jurídicos – Colombia 2. Justicia transicional – Colombia 3. Crímenes de lesa humanidad – Aspectos jurídicos – Colombia 4. Justicia especial para la paz – Aspectos jurídicos – Colombia 5. Víctimas del conflicto armado – Aspectos jurídicos – Colombia 6. Violación de los derechos humanos – Aspectos jurídicos – Colombia 7. Colombia – Condiciones sociales I. Jaimes Alvarado, Laura Fernanda, autora, editora II. Universidad Externado de Colombia III. Título

303.6 SCDD 21

Catalogación en la fuente – Universidad Externado de Colombia. Biblioteca. Área de Procesos Técnicos.
ARHA

diciembre de 2022

ISBN 978-958-790-987-6

Calle 12 n.º 1-17 Este, Bogotá
Teléfono (+57) 601 342 0288
publicaciones@uexternado.edu.co
www.uexternado.edu.co

Primera edición: diciembre de 2022

Diseño de cubierta: Departamento de Publicaciones
Corrección de estilo: Pablo Daza
Composición: Marco Robayo
Impresión y encuadernación: DGP Editores S.A.S.
Tiraje: de 1 a 1.000 ejemplares

Impreso en Colombia
Printed in Colombia

ARIET CASTILLO FERNÁNDEZ
SARA DEL MAR CASTIBLANCO
MÓNICA JOHANNA GIEDELMANN REYES
CLAUDIA LORENA GÓMEZ SEPÚLVEDA
LAURA FERNANDA JAIMES ALVARADO
LILIANA PATRICIA MENDOZA ORTIZ
GLADYS AMANDA PORRAS RINCÓN
YOLANDA SIERRA LEÓN

CONTENIDO

PRÓLOGO

LAS CERTEZAS DE LOS MÁRGENES Y EL VALOR DE LA DESAPARICIÓN PRESENTE

ANDRÉS FELIPE OSPINA ENCISO*

El libro que tienen en sus manos corresponde a un esfuerzo interdisciplinar y consciente en el que mujeres expertas y sabedoras, con una capacidad conceptual y metodológica loable pero especialmente con una sensibilidad y maneras de ser gente con otros, se han adentrado sin titubeos en una temática compleja, desafiante y fatigante como es la desaparición forzada, pero que es necesario comprender para seguir apostando como académicos y como sociedad a la consolidación de los procesos de verdad y justicia restaurativa en un país que se ha abocado a las construcción de paz. Para esto, las autoras hacen lo suyo y desempeñan el papel de mediadoras para caminar experiencias y dialogar saberes que parten de los valores y prácticas de la justicia transicional en Colombia, que se enfoca en las necesidades y expectativas de las víctimas del conflicto armado y la interlocución que tiene el Estado con estas en cuanto garante de derechos y reparador de las actuaciones violentas y denigrantes de las que han sido objeto las víctimas, sus familiares y el cuerpo social en su conjunto.

Otra de las orillas desde las que se ha emprendido este trabajo es el de la investigación antropológica e histórica que se centra en leer la realidad de la desaparición forzada en las sentencias de las altas cortes, en los mecanismos de justicia restaurativa, en la documentación académica que trata temática y conceptualmente el fenómeno, pero especialmente en las experiencias públicas y restaurativas de asociaciones y colectivos de víctimas, deudos de los muertos, desaparecidos del conflicto y en entidades que han asumido su rol como activadores y gestores de prácticas y condiciones para el ejercicio de la verdad y la justicia.

El libro es un tejido de testimonios, lecturas de paisajes y lugares marcados por la muerte y la desaparición, y registros de prácticas de justicia y verdad que se leen como una secuencia estética y poética de la acción restaurativa. Para lograr este conjunto, las autoras han documentado, reconocido y

* Ph. D. Antropólogo.

reflexionado sobre prácticas de cocreación, procesos artísticos y desarrollo de saberes alrededor de la realidad de la desaparición forzada en áreas escogidas del departamento de Antioquia. Dicha cocreación es llamada por las autoras una emancipación estética que comienza como un disenso con el lenguaje técnico y jurídico que tienen las sentencias y las órdenes jurídicas, y que transita ese lenguaje técnico y distante y lo transforma en una expresión artística que lleva a formas alternativas de representar, significar y difundir la potencia y el sentido de los actos jurídicos y restaurativos, haciéndolos más accesibles y cognoscibles para las víctimas y la ciudadanía que se debe convencer de la magnitud de lo sucedido con miles de personas violentadas durante el conflicto. De esta manera, se reconoce y se hace justicia sobre los hechos de desaparición forzada en procura de su no repetición.

Para que la reflexión alrededor de las secuelas de la desaparición forzada y la afirmación de los procesos de justicia y verdad tengan lugar, las autoras proponen rutas de reconocimiento, interpretación y comprensión de los lenguajes y actos jurídicos por medio de la creación artística y su capacidad mediadora y comunicativa. Esto ocurre por medio de procesos creativos y colectivos que activan memorias, dignifican el lugar de las víctimas y comunican las reivindicaciones, las denuncias, así como los actos de justicia y reparación que tienen lugar alrededor de las afectaciones violentas.

Los murales, los montajes teatrales, las *performance* y otros actos colectivos y públicos, concebidos con una impronta estética, hablan desde la realidad presente que tienen los desaparecidos y los demás afectados por estas acciones. Así, el lenguaje poético del arte comunica, pero también da sentido y crea nuevos referentes y significados de la realidad de la desaparición, estos son esenciales para movilizar la lucha de los familiares de víctimas, la agenda de los colectivos de defensa de los derechos de las personas desaparecidas y los procesos de reparación, justicia y verdad en las instancias jurídicas.

Dicha situación se da porque el arte apela a la memoria sensitiva, a la motivación estética de la vida social y a la experiencia colectiva para generar espacios de reconocimiento y reparación donde antes acechó el dolor y la guerra. Por tanto, en las mismas escenas donde han existido la violencia y la muerte también lo pueden hacer las expresiones artísticas que sanan y emancipan. Esto se debe a que las dimensiones trágicas y creativas, cada una a su manera, son constitutivas de la condición humana. Lo digno y lo pertinente en la obra artística tienen como fundamento el daño, pero también la lección, el acto restaurativo y la nueva posibilidad que se nos abre al ser conscientes, tener memoria y crear una estética que nos permita conocer y superar el hecho violento.

Otra manera de significar la desaparición forzada, y que se trabaja con especial cuidado en el libro, es la presencia y manifestación que tienen los desaparecidos en la cultura material y las expresiones tangibles. Las autoras mencionan cómo los lugares, los paisajes y los objetos manifiestan las marcas de la desaparición, pero los objetos y los lugares también hablan de la memoria de los desaparecidos y de su mundo, de quiénes los buscan, de las marcas de su ausencia, y de las acciones de búsqueda y recuperación de una identidad y de una presencia como cuerpo, pero también como persona ligada a tramas de encuentros, afectos y sentidos compartidos con otros seres de la vida social.

La intencionalidad de los actores violentos de hacer inexistente la humanidad y la identidad de los desaparecidos choca y contrasta con los movimientos de concientización pública sobre la desaparición de personas que hacen los deudos, los familiares y aquellos que promueven una agenda por recuperar y dignificar al desaparecido. Para esto trascienden la forma y el sentido de los artefactos que hacen parte de los procesos de desaparición forzada y les dan un nuevo aire y significado en el que el reconocimiento del valor social y la sensibilidad estética de la materialidad hacen lo suyo.

Varios de esos artefactos referente son las leyes, sentencias o actos jurídicos sobre los que los gestores de la búsqueda de desaparecidos orientan sus reflexiones, procesos creativos e intervenciones. La ley no es solo la tecnología de la regulación y el consenso para una sociedad, también es un acto y objeto de reivindicación y protección colectiva que al ser concebida como elemento de aplicación de justicia produce una semántica de la recuperación de derechos y de reparación del daño punitivo y moral. Por eso la ley como elemento también cuenta con un valor poético y estético que aporta a la construcción de un sentido de verdad y a la visibilización de la víctima dignificada y a sus procesos restaurativos.

En este mismo sentido, otros elementos relacionados con las personas desaparecidas destacan y significan: los objetos que hacen parte de las rutas de desaparición y de posible hallazgo de aquellos que han sido víctimas de desaparición, los artefactos de la memoria de los ausentes, las imágenes que los recuerdan, los elementos de la escena violenta y/o de desaparición, las prendas de vestir que ya no se portan, los elementos que usan los deudos y familiares para recordar y traer al ausente de presente, y otros artículos que hacen las veces de referentes presentes de la memoria viva del desaparecido, incluso cuando se saben muertos.

Una función parecida tienen los cementerios o los lugares de entierro, estos contienen memorias y huellas presentes de los desaparecidos. Varios de los capítulos del libro se tejen alrededor de lo que estos lugares implican en las rutas de desaparición y de hallazgo de las víctimas. Los cementerios son articuladores y detonantes de muchos de los propósitos y resultados que puede encontrar el lector en las indagaciones que hace el libro respecto a la desaparición forzada. Los cementerios son espacios liminales que guardan un vínculo consonante entre la vida y la muerte, entre la memoria y el olvido, en una transición continua de seres sociales que apostamos por mantenernos más allá de la extensión del ciclo vital y queremos mantenernos como seres individuales, pero también como tramas colectivas en las que generaciones presentes y venideras puedan seguir significando lo que socialmente somos.

No obstante, esta no es la única apreciación que se tiene sobre los cementerios. Estos son también sitios con una rica expresión de cultura material representada en complejos arquitectónicos, en artefactos que contienen cuerpos sepultados, en rutas de circulación de los vivos que visitan a sus muertos, en piezas conmemorativas y lápidas que funcionan como registros fijos de las memorias que tienen los deudos de sus muertos, componiendo una estética tangible de la ausencia de los muertos materializada en rasgos palpables a lo largo del tiempo.

Pero este registro, así como la presencia espacial de los muertos, no es sencillo de mantener. En parte porque los deudos que abrazan al ausente también perecen y los recuerdos no son eternos, pero también porque las memorias colectivas no pueden ser fijas como los epitafios y las placas. La memoria es un acto disonante que encuentra su sentido y pertinencia en la maleabilidad con que los grupos humanos la elaboran y redefinen, porque el nunca acabado presente actualiza, redefine y otorga otros sentidos y alcances a lo que las personas podemos y queremos mantener como narrativa y forma de representar el pasado. Por estos motivos, es que las formas del tiempo quiebran los moldes, las placas de mármol y los testimonios tangibles para dar paso a nuevos referentes materiales de la memoria de los ausentes y para seguir trazando y desdibujando las líneas de lo que nos define y mantiene, partiendo del referente de nuestros muertos y sus presencias ausentes.

A esta condición de los espacios de la muerte se suma otra que es la de los cementerios como espacios de despojo, depósitos de desechos y lugares al margen —de las dimensiones espaciales y simbólicas— que establecen un límite cargado de indicios en los que se representan y se reproducen los conflictos de la vida social. En este están presentes las genealogías, los arraigos, las estéticas del duelo, las formas de creer en la vida y en lo que hay más allá de esta, pero también se hacen latentes los conflictos, los despojos, las rupturas, los dolores, los gritos del silencio y la manera en que las personas nos cocemos y reponemos las ausencias.

Por eso nuestros cementerios tienen sobre sí la impronta de los rasgos y rupturas que ha producido la conflictuada sociedad colombiana, y, por este motivo, con un necesario acierto, las autoras de este trabajo se centran en el lugar del cementerio así como de los lugares de la desaparición forzada, como referentes de paisaje en los que se inscribe la violencia, los hechos delictivos de lesa humanidad, el desafortunado guion de la macrocriminalidad, la cruel ruptura de la identidad y de la existencia misma de las personas desaparecidas que se hace evidente en los tratamientos deshumanizantes de los cuerpos, en los silencios que quiebran la dignidad humana, pero también en los actos simbólicos y jurídicos de reparación, de justicia, de verdad y de memoria que hacen los operadores de la justicia transicional, los colectivos y asociaciones de víctimas, y las investigadoras que, de forma valiente y pertinente, se lanzan sobre las formas de los lugares que representan la muerte.

El texto en su conjunto refiere maneras analíticas y sensitivas, y da cuenta de las inmensas posibilidades que tiene la búsqueda y el hallazgo de oportunidades para la vida más allá del conflicto. Este libro nos acerca a formas de ser y hacer justicia en una sociedad que merece conocer la verdad de sus quiebres y las formas de sus conflictos, y así recuperar y exaltar la memoria, el lugar y la dignidad de sus desaparecidos. Autores, lectores, víctimas y sobrevivientes, ciudadanos todos, podemos apostar por formas más conscientes y dignas de pervivir, esta lectura es un comienzo importante.

PRESENTACIÓN

MÓNICA JOHANNA GIEDELMANN REYES
YOLANDA SIERRA LEÓN

La pregunta que ha cuestionado la humanidad desde los primeros tiempos: ¿dónde está tu hermano?
Francisco de la Roux[1]

Colombia es un país donde confluyen con el conflicto armado varias formas de justicia que buscan dar respuesta a la violación masiva y sistemática de derechos humanos (DD. HH.). La desaparición forzada (DF) es uno de los crímenes con un mayor número de víctimas y con diversos pronunciamientos judiciales, la mayoría de ellos desconocidos por los ciudadanos.

La DF es un delito que afecta las costumbres, la cultura y dificulta la elaboración de un duelo adecuado debido a la ausencia de un cuerpo. El principal problema que limita la comunicación de las decisiones judiciales, incluyendo las referentes a DF, es el lenguaje técnico del derecho, por eso son necesarias formas de divulgación que incluyan y se aproximen a la población, es así como proponemos el estudio de las narrativas y de los productos culturales como una forma de encontrar espacios comunes que permitan, mediante estas, poetizar el lenguaje jurídico de las sentencias.

Este texto nace como resultado del proyecto de investigación, titulado "Memorias de ausencia desde las sentencias judiciales: Análisis de narrativas y productos culturales de desaparición forzada en sitios funerarios rurales y urbanos de Antioquia", que fue financiado en la convocatoria 872 del 2020: "Hacia una mayor comprensión del conflicto armado, las víctimas y la historia reciente de Colombia", financiada por el Centro de Memoria Histórica y el Ministerio de Ciencias, Tecnología e Innovación, en la línea de investigación sobre "Memoria de las víctimas e interpretaciones culturales y artísticas alrededor del conflicto armado".

El proyecto conjugó la trayectoria de dos grupos que tejieron experiencia en pro de generar una propuesta diferente sobre el tema de la Desaparición Forzada (DF) en Colombia. Por un lado, el Grupo de Investigación en Derecho

1 Tomado de la presentación del *Informe de la Comisión de la Verdad* vista desde YouTube (https://www.youtube.com/watch?v=vUSaZooTh1k&t=1343s).

Constitucional de la Facultad de Derecho de la Universidad Externado de Colombia (Bogotá), en su línea de Derechos Culturales como lo es Derecho, arte y cultura, junto al Grupo de Investigación en Humanidades - Guane de la Facultad de Ciencias Sociales, Políticas y Humanidades de la Universidad de Santander (Bucaramanga), en su línea de Patrimonio, memoria y región, abordaron el trabajo desde una perspectiva transdisciplinar en torno a la pregunta: ¿cuáles son las narrativas y productos culturales referentes a la desaparición forzada en sitios funerarios rurales y urbanos de Antioquia, a partir de dos *sentencias de Justicia y Paz?* Para dar respuesta a esto, se tomó como punto de partida el estudio de dos sentencias del Tribunal Superior del Distrito Judicial de Medellín, en la sala de conocimiento de Justicia y Paz: Bloque Cacique Nutibara y Bloque Metro. Nuestro objetivo es analizar narrativas y productos culturales relacionados con desaparición forzada en sitios funerarios rurales y urbanos de Antioquia, se determinaron seis sitios funerarios asociados al delito de DF, con el fin de recopilar las prácticas y productos culturales presentes en esos lugares para conseguir emancipar estéticamente la sentencia, incluyendo las voces de las víctimas y de los artistas.

El padre Francisco de Roux, en el *Informe de la Comisión de la Verdad* el pasado 28 de junio de 2022, nos pasea por el país por medio de la metáfora de *Colombia para sanar el cuerpo físico y simbólico de nuestra nación.* Hace referencia a un cuerpo vulnerado con masacres, abatido, mutilado, torturado por los hechos más victimizantes que ha sufrido la patria, en su presentación se destaca la imagen de ver a Colombia como un cuerpo, como una persona, como una unidad, como un colectivo que debe sanar.

Con el río como telón de fondo, es imposible no hacer un paralelo recordando el inicio de esta investigación, en el 2020, cuando recorrimos los afluentes del río Magdalena, Puerto Berrio y las calles de Medellín, escuchando el impactante relato de las comunidades. El espíritu del proyecto propendió por abordar el hecho de la DF por medio de los ojos y sentires de las víctimas indirectas y de la sociedad, por medio de productos artísticos y culturales fue posible traducir la resiliencia que organizaciones, familiares y personas gestan en torno a la búsqueda de un ser amado, se desencadenaron tantas tramas y aristas que la muestra de prácticas y productos culturales recogidos en esta labor solo esboza la gran riqueza de acciones de las personas y comunidades, quienes diariamente luchan por vivir transitando el estado liminal que implica estar en la búsqueda constante de una persona desaparecida.

Como sociedad, el llamado se orienta hacia lo propuesto por el mismo Padre Francisco: "Liberar nuestro cuerpo simbólico y cultural de las trampas del terror, las iras, las estigmatizaciones y las desconfianzas" (Francisco de la Roux, 28 de junio del 2022, presentación *Informe Final de la Comisión de la Verdad*).

El texto se encuentra estructurado en cinco apartados. Se inicia con una panorámica teórica e histórica sobre la desaparición. Así, "Introducción. Apuntes conceptuales y propuesta de investigación" ilustra el concepto en Colombia con el fin de contextualizar cómo surge este flagelo y cuáles medidas se han adoptado.

En una segunda sección, se describen los aspectos metodológicos e investigativos del proyecto como tal. El capítulo primero, "Metodología para el estudio de la desaparición forzada en cementerios en Colombia", detalla la apuesta metodológica para el estudio de la DF, la perspectiva abordada dentro del enfoque cualitativo de suerte, que el lector se pueda guiar con los abordajes, naturaleza de los datos recolectados y los procesos analíticos que permitieron esbozar los primeros hallazgos. Iniciando con el acercamiento a los contextos funerarios, los cementerios se transformaron en lienzos sobre los cuales se plasmaron maneras de despedir, buscar y adoptar a un ser querido, de modo que se constituyeron en escenarios de transformación. El capítulo segundo, "Sentencias objeto de estudio contra el Bloque Metro y el Bloque Cacique Nutibara", aborda las temáticas asociadas a la DF que fueron encontradas en ambas sentencias y que muestran los patrones de macrocriminalidad y el *modus operandi* de este crimen de lesa humanidad. El capítulo tercero, "Cementerios como escenarios para el estudio de la desaparición forzada en Colombia", expone los procedimientos al igual que la caracterización que presentan cada uno de los cuatro cementerios estudiados, el potencial que guardan estos escenarios para ilustrar los procesos de duelo complejo, las prácticas y las creencias que emanan ante un fenómeno que trasciende las vidas de las propias víctimas indirectas. Finalmente, el capítulo cuarto, "La emancipación estética en la práctica: tejiendo redes entre investigación, trabajo de campo, análisis de obras y prácticas culturales", ilustra los procedimientos aplicados en el ejercicio de emancipación estética discriminado por productos artísticos y prácticas culturales, con el fin último de identificar los mecanismos que operan en las personas y comunidades en las representaciones que hacen en torno a la DF.

Este libro es uno de los resultados derivados de esta investigación, constituyéndose quizá en uno de los productos más académicos; no obstante, en concordancia con la misma naturaleza de nuestros hallazgos y convencidos que el arte y la cultura son los mejores impulsores de cambio, el resto de productos propenden por comunicar de manera más sensible y cercana.

Es importante mencionar que se creó un dispositivo museográfico que servirá como insumo e intervención sobre la DF, que será alojado en varios museos de Medellín y en otras ciudades del país (Bogotá y Bucaramanga); al igual que una página web que exhibe gran parte de los productos artísticos y las prácticas culturales derivadas del ejercicio de emancipación estética de las dos sentencias judiciales tratadas, un catálogo de obras y una cartilla de lineamientos para futuros ejercicios de réplica, todos atravesados por la estética que se despierta en torno a la DF, la posibilidad de acercarnos a esta temática desde una mirada sanadora y con la esperanza que puede haber un mejor mañana.

https://memorias-de-ausencia.uexternado.edu.co/index.html

INTRODUCCIÓN
APUNTES CONCEPTUALES Y PROPUESTA DE INVESTIGACIÓN

MÓNICA JOHANNA GIEDELMANN REYES
YOLANDA SIERRA LEÓN
LAURA FERNANDA JAIMES

El término *emancipación estética del Estado* es propuesto por Yolanda Sierra León en los *Cuadernos de Trabajo* del Departamento de Derecho Constitucional, números 83, 85, 86 y, especialmente en el 94, de 2015 a 2018[1]. Con este mecanismo se pretende hacer frente a lo que Hart (1992) describe como "el halo de misterio que las instituciones jurídicas tienden a producir en torno a sí mismas que oscurece su verdadera naturaleza y efectos, desconcierta e intimida al crítico y al reformador" (p. 21) y que Celano (2014) denomina "mistificación del derecho" (p. 151) que, en pocas palabras, es el fenómeno en el cual el derecho se presenta como algo misterioso y accesible solo para quienes logren comprender lo rimbombante de su lenguaje y extensión.

La anterior situación parece ser una característica común del derecho, que resulta acentuada en el marco de un conflicto armado, puesto que la constante y sistemática violación de los derechos humanos va acompañada de una cantidad inusual de procesos jurídicos, que resultan ser demasiado técnicos, complejos, largos e inaccesibles para ser fácilmente digeridos y asimilados por la inmensa mayoría, que no cuenta con conocimientos especializados en los campos del derecho o ciencias afines.

En medio de esa dinámica, la emancipación estética del Estado tiene por objeto sustraer casos, situaciones o elementos tan complejos y propios del ordenamiento jurídico, y de las instituciones estatales y de su jurisdicción, para entregarlos a una competencia, en principio ajena, como son los lenguajes y "trámites" del arte, facilitando la satisfacción de los derechos de las víctimas, sus familiares y del conglomerado social. En este sentido, la

1 Véase Sierra, Y. (2015). El concepto de litigio estético. *Cuadernos de Trabajo*, n.º 83; (2015). Reparación simbólica, litigio estético y litigio artístico: reflexiones en torno al arte, la cultura y la justicia restaurativa. *Cuadernos de Trabajo*, n.º 85; (2015). Arte y justicias alternativas: justicia restaurativa, transicional y simbólica. *Cuadernos de Trabajo*, n.º 86; (2018). Constitucionalismo transicional estético. *Cuadernos de Trabajo*, n.º 94, 15. Estos pertenecientes al Departamento de Derecho Constitucional de la Universidad Externado de Colombia.

emancipación estética del Estado plantea recurrir al lenguaje del arte como un mecanismo para contarle a la sociedad sobre los procesos jurídicos que, por lo general, debido a su tecnicismo, son poco comprensibles para quienes son ajenos a la disciplina del derecho.

En consecuencia, en la medida en que las sentencias judiciales que resuelven casos sobre violaciones sistemáticas a los derechos humanos, como es la desaparición forzada, se traduzcan a un lenguaje cercano a la sociedad, se conseguirá una mejor comprensión acerca de los hechos, los responsables y las víctimas de estos, lo cual es fundamental para que desde las instituciones estatales y las organizaciones de derechos humanos y de la sociedad civil se logre la no repetición de estas conductas.

Por ejemplo, en el caso de los desaparecidos como consecuencia de la dictadura militar en Argentina, gran parte de la sociedad se ha solidarizado con los familiares de los desaparecidos, haciendo parte desde un escenario simbólico de las reclamaciones de verdad, justicia, reparación y no repetición, pues como lo señala Panizo (2012), "se habilita el uso de la figura del desaparecido como forma de resistencia política que, legitimada por distintos actores sociales, permitiría la conformación de rituales que no enfatizan sobre la muerte sino sobre la ausencia y la desaparición" (pp. 94-125).

Por esto, algunos autores señalan que para que las sentencias cumplan un fin reparador deben emanciparse estéticamente. Al respecto, Eliana Rocío Motta (2018) considera que

> Sin perjuicio de los importantes avances que la CteIDH ha demostrado respecto de la ideación de otras formas de reparación, la unificación de decisiones, la duración del proceso y el acceso a la decisión final; es necesario que a su vez la sentencia se emancipe estéticamente a través del componente artístico[2] y lingüístico[3]. Estos

---

2 Según la misma autora, "el componente artístico, hace referencia a la utilización del arte y las expresiones artísticas como herramientas capaces de representar momentos específicos de la sociedad de acuerdo a un contexto, a una geografía y a sus costumbres, entre otras. el componente artístico, se puede entender como un mecanismo generador de identidad individual y colectiva que busca proporcionar a la sentencia los medios para restablecer los tejidos sociales quebrantados y/o reforzar el respeto y la dignidad en todas las personas".

3 Frente a este componente, la autora señala que "el componente lingüístico como motor de la emancipación de las sentencias de la CTEIDH, se aborda en primer lugar en relación a su uso, a la claridad y la calidad del lenguaje empleado en las decisiones de este órgano, para luego pasar a analizar la accesibilidad de las víctimas a las decisiones y desde ya plantear la transformación de la sentencia a un escenario más eficiente y de mayor uso de la mano del componente lingüístico".

> componentes permitirán que se le proporcione un elemento transformador eficaz, capaz de modificar los arquetipos culturales que generan la violación de derechos y convertirse en un verdadero símbolo reparador para las víctimas y transformador para la comunidad en general. (pp. 157-158)

Lo anterior propone el uso del arte por parte de las víctimas como mecanismo para la defensa de los derechos humanos o como herramienta que utilizan los artistas para denunciar violaciones a los derechos humanos[4],

> de tal manera que el contenido de las sentencias se emancipe y permita que las víctimas directas o indirectas se vean representadas en las expresiones artísticas de su propia cultura, costumbres e identidad, simbolizando los derechos que les fueron vulnerados, así como el reconocimiento y la garantía por parte del Estado para que los hechos generadores de violencia no vuelvan a presentarse. (Motta, 2018, p. 157)

Una de las vulneraciones más graves a los derechos humanos es la desaparición forzada, por lo que, a continuación, se presentarán unas reflexiones alrededor de este delito, las actuaciones del Estado colombiano para mitigarlo y prevenirlo y las decisiones que en materia de justicia transicional se han adoptado para resolver casos relacionados con este flagelo.

Los ejercicios de emancipación requieren de una delimitación conceptual que se circunscriban ya sea temáticamente o por tipo de delito, pues esta delimitación enfoca el análisis a realizar. Sin embargo, dicha restricción no pretende en lo absoluto aislar un tipo penal de sus contextos de origen, ejecución y desarrollo, al contrario, es una propuesta investigativa en la cual se pone un crimen como el centro analítico para la comprensión de la violencia y los procesos sociales, políticos, culturales y artísticos que la rodean.

Particularmente, se escogió la desaparición forzada (DF) por ser un crimen de lesa humanidad masivo en Colombia, que ha sido invisibilizado y que merece un tratamiento especial por las múltiples secuelas que deja en la sociedad. Este es uno de los más deshumanizantes delitos, ya que busca quebrantar la integridad del ser humano, borrar su existencia e identidad, convirtiéndolo en una víctima que existe y no existe, sin tumba, sin entierro, *excluido de la muerte*, *arrojado por fuera de la vida* (Centro Nacional de

---

4 Estas categorías son denominadas "litigió estético" en el libro *Reparación simbólica: jurisprudencia, cantos y tejidos*.

Memoria Histórica, 2016). Implica además una triple victimización, en primer lugar, el desaparecido, quien ha sido despojado de su individualidad; en segundo lugar, sus familiares, quienes están en un duelo suspendido, precipitados a una búsqueda y a un constante devenir de dudas sin respuesta, y una permanente victimización debido a la impunidad, estigmatización e indiferencia, y, en tercer lugar, una sociedad que tiene que enfrentarse a la anomalía del cadáver insepulto y del acogimiento de víctimas y victimarios para una construcción colectiva de comunidad.

LA DENOMINACIÓN DE LA DESAPARICIÓN FORZADA

La DF, a lo largo de la historia, ha sido una consecuencia de conflictos, guerras e intereses grupales e individuales que se legitiman como práctica para generar terror y sumisión. Por esto, definir la DF, desde una perspectiva transdisciplinar, implica varios desafíos. El primero de estos es entender que el concepto de DF fue delimitado desde el ámbito jurídico para ser incorporado en las diferentes convenciones internacionales, lo cual no quiere decir que la DF como realidad no existiera de forma previa. El segundo, delimitar el camino recorrido para la tipificación de la DF a nivel internacional y nacional, y, tercero, mostrar algunas perspectivas en las cuales se puede expandir la desaparición y algunos tratamientos en los que no puede ser contenida.

En primer lugar, tenemos la realidad social y la realidad jurídica que van a encontrarse después de la incorporación de la DF como crimen contra la humanidad en el estatuto de Roma, sin que esto implique un cierre del concepto de DF. Las perspectivas de la desaparición en función de las realidades emergentes de victimización son horizontes de expansión conceptual que deben ser mencionados. De acuerdo con lo anterior, este apartado va a intentar recoger los procesos históricos y las características del concepto de DF en cada momento, así como las consecuencias de este delito, teniendo en cuenta cómo los movimientos y los procesos sociales dan lugar al establecimiento de la categoría jurídica y promueven su expansión y delimitación.

Existen conductas mencionadas en la Biblia (Stam, 2005) o documentadas durante el mandato de Luis XVI, que podría enmarcarse en el concepto moderno de desapariciones forzadas, no obstante, las fuentes son dudosas y los relatos contienen exceso de fantasías que no permiten documentar todos los procesos[5]. Por esto, uno de los primeros antecedentes de la DF viene de la dictadura franquista y de la Alemania nazi. El caso de los "niños robados" en España está marcado por las adopciones ilegales de niños de familias comunistas o que iban contra el régimen (también conocidos como "niños rojos"), los cuales eran entregados a familias franquistas para ser educados de acuerdo con los principios morales aceptables que estuvieran alejados del comunismo y de la libertad religiosa (Longobardi, 2021). Esta especie de profilaxis ideológica fue legalizada por medio de la "ley sobre inscripción de niños repatriados y abandonados" del 4 de diciembre de 1941, la estocada final de una serie de disposiciones legales que buscaban que las mujeres presas por el régimen franquista entregarán a sus hijos, perdieran su rastro y estos fueran llevados a otras familias una vez que su identidad era robada (Vinyes, 2002) y culminan con la apropiación de niños. Curiosamente, tres días después de ser promulgada esta última ley, ocurre el decreto conocido como Nacht und Nebel[6] (noche y niebla) que promueve la desaparición masiva de personas por parte del régimen nazi. En palabras de Huhle (2014):

> para dictar su infame orden Nacht und Nebel, el propio Hitler se habría inspirado en la figura del malvado enano Alberich, personaje de la ópera wagneriana El oro del Rin que podía hacerse invisible con su yelmo mágico. En el juicio de Núremberg contra el Alto Mando del Ejército (Oberkommando der Wehrmacht), el juez Dr. Lehmann, 3 jefe del departamento jurídico, afirmó que el propio Hitler había exigido literalmente que aquellos opositores al régimen a quienes no se podía procesar en breve plazo fueran conducidos, de noche y entre la niebla, del otro lado de la frontera, a Alemania, donde debían permanecer aislados. (p. 262)

Las órdenes de Hitler incluían no revelar a los familiares donde se encontraban y cuál era la situación de los opositores presos, constituyendo una detención arbitraria sin los derechos básicos, lo que no significaba que estos prisioneros, convertidos en N.N., iban a sufrir en su mayoría los horrores de

---

5 Aunque en su tesis Mejía (2016) cita a la Corte de Luis XVI no fue posible encontrar una referencia que corrobora su aseveración siempre asociada a la obra de Dumas "el hombre de la máscara de hierro", la cual, está repleta de ficciones, porque si bien el prisionero esa real no se sabe a ciencia cierta todas las condiciones en las que se encontraba y no es posible determinar en él un estatus de desaparecido.

6 Mejía (2016) que "el nombre de esa orden recordaba, irónicamente, un fragmento del libreto de la ópera wagneriana el oro de rin: aquel en el cual Fafner se dirige a los enanos diciéndoles: 'sed como la noche y la niebla, esfumaos [...] despareced'".

los campos de concentración, y, al contrario, su condición de prisioneros N.N. bajo el decreto de Noche y Niebla salvó a muchos de ellos del exterminio al encontrarse en cárceles comunes o especiales, localizadas en las fronteras alemanas (Huhle, 2014).

Tanto en el régimen nazi como en el franquista existieron motivaciones y contextos diferenciales para la ejecución de la DF, no obstante, ambos casos están enmarcados en el fascismo europeo y se apoyan en una maquinaria burocrática y legal que respaldó el accionar de los miembros del Estado. En España, se consideraba el Comunismo como una enfermedad psiquiátrica y los procesos de apropiación de los "niños rojos" eran parte de una política que intentaba la erradicación del "desvío comunista", lo que puso la crianza franquista como una fuerza para la eliminación del denominado "gen rojo" (Longobardi, 2021). La motivación del nacionalsocialismo en Alemania era diferente, con la DF se buscaba aterrorizar a familiares y miembros de la resistencia y la oposición, pues los nazis ya entendían sobre los efectos psicológicos que la DF ocasionaba, por lo cual, la Noche y Niebla era empleada como estrategia de guerra en contra de grupos particulares.

En el momento en que las desapariciones fueron utilizadas, aun no estaban reconocidas como un delito contra la humanidad; sin embargo, sí era considerado ilegal y arbitrario no entregar información de un prisionero como fue el caso alemán, por lo cual, en los Juicios de Núremberg, el general Keitel y el juez militar Dr. Rudolf Lehmann, que había sido el autor real del decreto, fueron juzgados por los hechos asociados a Noche y Niebla, aunque su defensa se basaba en la legalidad de los procedimientos y la máxima atenuación en la práctica de la orden de Hitler, y que llegó a alegar cumplir con el *derecho de guerra* que, para el momento, no contemplaba la categoría de DF (Huhle, 2014).

Los usos de las primeras desapariciones serían repetidos en otros escenarios de regímenes totalitarios hasta entrar en la esfera del derecho internacional. En este contexto, el caso argentino es especialmente relevante, pues en este se presentan de forma sistemática las dos principales motivaciones de los regímenes nazi y franquista, ya que se buscaba la profilaxis ideológica por lo cual la apropiación ilegal de niños fue una práctica generalizada. De igual forma, las detenciones arbitrarias sin información buscaban generar zozobra y terror en los opositores de la dictadura. Argentina se torna entonces emblemática para la DF, no porque hubiera novedad en los métodos o por una mayor sistematicidad, sino por la lucha que emprendieron las víctimas para ser escuchadas. Particularmente, las Madres de Plaza de Mayo, un grupo conformado por madres argentinas y fundado en abril de 1977, que busca a sus hijos y nietos desaparecidos, y han estado realizando reclamos y estableciendo formas de protesta como el "siluetazo" y la *performance* fotográfica, así como empleando símbolos, como el pañuelo blanco, que conmovieron a la sociedad argentina y paralelamente fueron circulando por las organizaciones de derechos humanos (Longoni, 2010). Cabe resaltar que solo un año después de la fundación de esta organización de víctimas, es decir, en 1978, la Asamblea General de la Organización de las Naciones Unidas llamó la atención sobre la problemática de las desapariciones forzadas y en su Resolución 33/173 pidió a la Comisión de Derechos Humanos que examinara la cuestión de las personas desaparecidas con miras a hacer las recomendaciones apropiadas.

Las Madres y Abuelas de la Plaza de Mayo luchan por la vuelta de sus hijos de las detenciones arbitrarias y por saber el paradero de sus nietos, muchos de los cuales eran llevados junto con los padres y padecían el mismo proceso de adopción ilegal por parte de familias de militares o adeptas a la dictadura. Por eso una de las primeras conquistas de este grupo fue mediante sus presiones ante la comunidad internacional conseguir que en 1990 la Convención Internacional sobre los Derechos del Niño de las Naciones Unidas acogiera el derecho a la identidad lo que llevó a que más adelante fuera puesto en los juicios contra Videla y otros miembros de la dictadura por el robo sistemático de bebés (Elsemann y Hernández, 2012).

El activismo de las organizaciones de víctimas del Cono Sur acabó por visibilizar el crimen de la DF y colocarlo en la agenda internacional hasta la Conferencia de Roma en 1998, en la que se preparó el Estatuto de la Corte Penal Internacional y en la que se introdujo la DF como crimen contra la humanidad.

La lucha de las víctimas no fue solo en el posicionamiento político de la problemática, sino que se centró en la lucha contra la impunidad. Al respecto, fue relevante el concepto de *secuestro permanente* como la figura jurídica que derogaría las leyes de amnistía, en tanto que no podía entenderse el crimen de la DF como finalizado hasta que no se tuviera conocimiento del paradero de la persona (Elsemann y Hernández, 2012). Una vez la DF fue incorporada en la normativa internacional, la redacción de convenciones particulares se realizó de forma casi orgánica.

La Asamblea General de las Naciones Unidas adoptó la Convención Internacional para la Protección de Todas las Personas contra las Desapariciones Forzadas (en adelante la Convención) en el 61.º periodo de sesiones en 2006; se abrió para firmas de los países el 6 de febrero de 2007 en París, y después en la sede de las Naciones Unidas en Nueva York.

La Convención Internacional para la Protección de todas las Personas contra las Desapariciones considera la DF como

> el arresto, la detención, el secuestro o cualquier otra forma de privación de libertad que sean obra de agentes del Estado o por personas o grupos de personas que actúan con la autorización, el apoyo o la aquiescencia del Estado, seguida de la negativa a reconocer dicha privación de libertad o del ocultamiento de la suerte o el paradero de la persona desaparecida, sustrayendo a la protección de la ley.

De igual forma, el artículo 8 de la misma convención expresa que la DF es un crimen de ejecución continua, es decir, es un crimen permanente en el tiempo, y la prescripción del delito solo puede iniciar una vez el delito cesa. De acuerdo con el secretario general de la Comisión Internacional de Juristas: "una desaparición constituye quizás la violación más perversa de los derechos humanos. Es la negativa del derecho de un individuo a existir, a tener una identidad. Convierte a una persona en un ser no existente" (Macdermot, 1990). De acuerdo con el Centro Nacional de Memoria Histórica, la Resolución 47/133 de 1993 "Declaración sobre la protección de todas las personas contra las desapariciones forzadas", la Convención Interamericana sobre Desaparición Forzada de Personas de 1994 y la Convención Internacional para la protección de todas las personas contra las desapariciones forzadas en 2006 comparten tres aspectos fundamentales en la definición del crimen:

> – Se configura por la privación de la libertad de una o más personas, mediante cualquier método.
>
> – Definen como responsables de la desaparición forzada a agentes del Estado o particulares que ejecutan esta forma de violencia bajo su aquiescencia, complicidad o autorización.
>
> – La negación o falta de información respecto a la privación de libertad de la víctima o su paradero, en consecuencia, el perpetrador sustrae a la víctima de la protección legal. (CNMH, 2016, p. 39)

La Corte Interamericana de Derechos Humanos y la jurisprudencia internacional ha sido clara en el segundo punto, pues a pesar que en conflictos como el colombiano, a diferencia de los casos de las dictaduras del Cono Sur, no siempre es el Estado quien ejecuta de forma directa las desapariciones, si se supone una autoría del Estado en tanto que la DF es una sustracción del individuo de toda protección del Estado, pues la DF al eliminarlo como individuo y ciudadano le retira de múltiples derechos. Al respecto, Celedón (2014) afirma que la desaparición no lesiona únicamente:

> la libertad personal del individuo y su autonomía, sino que vulnera las garantías legales y constitucionales dispuestas para su protección, el acceso a la administración de justicia y el debido proceso, así como los derechos de sus familiares y la sociedad a saber de su paradero; también lesiona sus derechos al reconocimiento de su personalidad jurídica, el libre desarrollo de la personalidad, la dignidad humana, su seguridad e integridad, no ser sometido a torturas ni a otras penas o tratos crueles, inhumanos o degradantes, además de su derecho a la vida y que no se exponga a grave peligro, entre otros.

No obstante, el carácter pluriofensivo de un delito no le endilgaba necesariamente parte de su autoría —inclusive por aquiescencia u omisión— al Estado hasta el precedente Caso Velásquez Rodríguez contra Honduras, en el que se establece que

> el deber de los Estados Parte de organizar todo el aparato gubernamental y, en general, todas las estructuras a través de las cuales se manifiesta el ejercicio del poder público, de manera tal que sean capaces de asegurar jurídicamente el libre y pleno ejercicio de los derechos humanos. (Corte IDH, 1988)

En ese contexto es necesario que el Estado realice todas las acciones para el cumplimiento de los deberes de justicia, verdad y reparación de las víctimas. Esta característica se ha establecido por el devenir histórico asociado al desarrollo del concepto de DF que se ha dilucidado hasta el momento, es decir, que las formas en que se da la desaparición han moldeado la categoría jurídica; no obstante, la realidad de los fenómenos sociales recientes desborda ese entendimiento jurídico, pues existen nuevas tipologías de desaparición en contextos en los cuales el crimen organizado, los grupos armados, los carteles de la droga o los procesos de inmigración o tráfico de personas son los que llevan a cabo formas "novedosas" de desaparición de personas (Gatti, Irazuzta y Sáez, 2020).

DESAPARICIÓN FORZADA EN COLOMBIA

En Colombia, el primer caso de DF reportado formalmente fue el de Omaira Montoya, estudiante de la Universidad de Antioquia y militante de izquierda, quien en 1977 fue abordada, detenida y desaparecida por miembros de la policía. En ese momento, el delito no se encontraba tipificado y esta dificultad únicamente se resolvió hasta que se dictó la Ley 589 de 2000, que tipificó la DF en el Código Penal en su artículo 165 que enuncia:

> El particular que perteneciendo a un grupo armado al margen de la ley someta a otra persona a privación de su libertad cualquiera que sea la forma, seguida de su ocultamiento y de la negativa a reconocer dicha privación o de dar información sobre su paradero, sustrayéndola del amparo de la ley [...] A la misma pena quedará sometido, el servidor público, o el particular que actúe bajo la determinación o la aquiescencia de aquél, y realice la conducta descrita en el inciso anterior.

La tipificación de la ley colombiana en referencia a la DF es tardía[7], pero moderna y adecuada al contexto de conflicto armado que vive el país; sin embargo, desde el caso de Omaira hasta la inclusión en la legislación, pasaron más de 30 años de conflicto en los cuales se realizó un registro precario o inadecuado. Esta situación evidentemente invisibiliza los patrones de macrocriminalidad alrededor de este crimen y dificulta el análisis de contexto del delito en los diferentes momentos del conflicto. Las implicaciones son importantes, pues la desaparición es considerada crimen de lesa humanidad, no solo porque sus características atentan contra el ser humano, sino porque para su ejecución es necesario que miles de personas se organicen para destruir masiva y planificadamente a otras personas que se encuentran indefensas (CNMH, 2016, p. 39).

Como bien señala Gatti y colaboradores, la desaparición en tanto una eliminación de la identidad y la vida social, política y legal tendrá que ser pensada de una forma más amplia, pues existen situaciones específicas (casas de migración, aislamiento, migración ilegal en condiciones adversas) en las cuales los individuos están des-civilizados, sustraídos de la protección jurídica, en estados paralegales o sustraídos de la ley y aunque se encuentran

---

7 Ley 589 de 2000 (6 de julio) por medio de la cual se tipifica el genocidio, la desaparición forzada, el desplazamiento forzado y la tortura; y se dictan otras disposiciones.

vivos y actuantes no cuentan, pues han sido desidentificados, borrados o nunca registrados (Gatti, Irazuzta y Sáez, 2020). En la medida en que estos fenómenos se vuelven masivos y consiguen cambios en el devenir histórico y jurídico que enmarca la desaparición, se continuará entendiendo la DF en los términos establecidos por la legislación nacional e internacional.

Si bien la categoría de la DF es netamente legal, algunas de las lecturas sobre sus efectos y el problema que constituye el desaparecido dentro de las sociedades, los grupos y las familias no pueden ser explicado únicamente desde el derecho, y claramente la discusión sobre la desaparición puede llevar a la reflexión en varios temas y dependiendo de las perspectivas analíticas, trayectorias y experiencias (Araújo, 2016).

De acuerdo con Gatti (2008), el desaparecido es: "un muerto-vivo, ni ausente ni presente, un espacio vacío o el vacío mismo" (p. 29). Junto a estos sujetos liminales, están las familias, grupos y una sociedad que también se enfrenta a la anomalía que los desaparecidos representan. Según la Convención Internacional para la Protección de Todas las Personas contra las Desapariciones Forzadas, en su artículo 24, numeral 1, establece que: "'víctima' es persona desaparecida y toda persona física que haya sufrido un perjuicio directo como consecuencia de una desaparición forzada". En la legislación interna se establece en el artículo 2 de la Ley 1408 de 2010 que víctima es: La persona que ha sido sometida a desaparición forzada en los términos del artículo 165 de la Ley 599 de 2000, siendo que serán considerados víctimas los familiares de la víctima directa que incluye al cónyuge, compañero o compañera permanente, y familiar en primer grado de consanguinidad, primero civil, de la víctima directa de la desaparición forzada, así como otros familiares que hubieran sufrido un daño directo como consecuencia de la DF.

Dar cuenta de una perspectiva amplia de la DF requiere que se amplíe el universo simbólico, pues, aunque es un concepto que emerge del derecho, no puede ser comprendido con el marco interpretativo y simbólico de este. Un claro ejemplo es que la legislación, en el caso colombiano, se ocupa de los aspectos asociados a la criminología, derechos de las víctimas y regulación de los procesos de búsqueda. En el código civil se define la ausencia como

> cuando una persona desaparezca del lugar de su domicilio, ignorándose su paradero, se mirará el desaparecimiento como mera ausencia, y la representarán y cuidarán de sus intereses, sus apoderados o representantes legales.

De igual manera, el artículo 97 del mismo código establece las condiciones para la presunción de la muerte:

– Si pasaren dos años sin haberse tenido noticias del ausente, se presumirá haber muerto éste, si además se llenan las condiciones siguientes:

1. La presunción de muerte debe declararse por el juez del último domicilio que el desaparecido haya tenido en el territorio de la Nación, justificándose previamente que se ignora el paradero del desaparecido, que se han hecho las posibles diligencias para averiguarlo, y que desde la fecha de las últimas noticias que se tuvieron de su existencia han transcurrido, a lo menos, dos años.

2. La declaratoria de que habla el artículo anterior no podrá hacerse sin que preceda la citación del desaparecido, por medio de edictos publicados en el periódico oficial de la nación, tres veces por lo menos, debiendo correr más de cuatro meses entre cada dos citaciones.

3. La declaración podrá ser provocada por cualquiera persona que tenga interés en ella; pero no podrá hacerse sino después que hayan transcurrido cuatro meses, a lo menos, desde la última citación.

4. Será oído, para proceder a la declaración y en todos los trámites judiciales posteriores, el defensor que se nombrará al ausente desde que se provoque tal declaración; y el juez, a petición del defensor, o de cualquiera persona que tenga interés en ello, o de oficio, podrá exigir, además de las pruebas que se le presentarán del desaparecimiento, si no las estimare satisfactorias, las otras que según las circunstancias convengan.

5. Todas las sentencias, tanto definitivas como interlocutorias, se publicarán en el periódico oficial.

6. El juez fijará como día presuntivo de la muerte el último del primer bienio contado desde la fecha de las últimas noticias; y transcurridos dos años más desde la misma fecha, concederá la posesión provisoria de los bienes del desaparecido.

7. Con todo, si después que una persona recibió una herida grave en la guerra, o naufragó la embarcación en que navegaba, o le sobrevino otro peligro semejante, no se ha sabido más de ella, y han transcurrido desde entonces cuatro años y practicándose la justificación y citaciones prevenidas en los números precedentes, fijará el juez como día presuntivo de la muerte el de la acción de guerra, naufragio o peligro; o no siendo determinado ese día, adoptará un término medio entre el

> principio y el fin de la época en que pudo ocurrir el suceso; y concederá inmediatamente la posesión definitiva de los bienes del desaparecido.

De forma general, el capítulo II del título II del principio y fin de la existencia de las personas permite resolver aspectos prácticos en relación con la vida de las víctimas indirectas, utilizando como forma principal la ausencia y la declaración de muerte supuesta del desaparecido. La paradoja que encierra este tipo de leyes está en que mientras el crimen de la DF ha sustraído de la legalidad a la víctima directa, la única forma que tiene el Estado para intentar localizarla en sí mismo es la ausencia o la muerte, pues tampoco consigue lidiar con la liminalidad del desaparecido, por lo cual, él aparece en la legalidad para desaparecer de la vida, incluso en esos esfuerzos los desaparecidos aparecen como "contados no contados" (Gatti, Irazuzta y Sáez, 2020).

El reto representacional y comprensivo de la desaparición desborda las posibilidades simbólicas de lo jurídico, por lo cual el arte y la cultura emergen como marcos que promueven una comprensión más completa. Especialmente, cuando en los contextos de justicias especiales como la justicia transicional deben enfrentarse con las violaciones masivas a los derechos humanos.

Si bien estos aspectos jurídicos son relevantes a la hora de entender los alcances de la justicia transicional uno de los problemas más fundamentales es que estas discusiones y los contenidos en sí mismos, de los sistemas transicionales, no llegan a todas las personas. Lo anterior es muy importante en lugares como Colombia donde hay una proliferación de conceptos equivocados e ideas erróneas sobre la justicia transicional que están alimentadas por la polarización política, la crisis social y los problemas institucionales (Pecaut, 2021). La ausencia de narrativas propias de difusión masiva de las justicias transicionales da lugar a la construcción de otros relatos que pueden llegar a ser perniciosos, en este sentido, la apariencia de justicia es tan importante como la justicia en sí misma, pues genera confianza en el justiciable y contribuye a la estabilidad del régimen jurídico (Malem, 2001). Para asentarse en el imaginario colectivo, el derecho se sirve de su universo simbólico poblado de signos y artificios con el fin de producir un sentido de justicia (Ferrajoli, 2011).

Los fracasos y los éxitos de los regímenes de justicia transicional relacionados con la construcción y comunicación de su entramado simbólico merecen un estudio cuidadoso, por esto existe una necesidad de entendimiento de los sistemas de justicia transicional en Latinoamérica y de sus enseñanzas, que en el caso de Colombia son de especial interés, pues realiza una justicia transitoria para la desmovilización que se desarrolla paralelamente con el conflicto armado y el accionar de varios grupos ilegales, además que esta justicia es la primera del continente sur con el país sujeto a todos los tratados internacionales que garantizan los derechos de las víctimas a la verdad, justicia y reparación (Collins *et al.*, 2016). Además, la situación *sui generis* del ámbito nacional, donde se presentan varias transiciones concomitantes pone a prueba en un nuevo escenario las ideas de la justicia transicional.

En este sentido, los procesos de justicia transicional más decantados pueden dar luces sobre la implementación de nuevas ideas y posibilidades para las transiciones más recientes. Colombia particularmente tiene dos justicias recientes derivadas de los procesos de paz, la primera es la correspondiente a la Ley 975 del 2005, conocida como Justicia y Paz, y la segunda que es la Justicia Especial para la Paz (JEP), que nace del acuerdo final con las FARC-EP. En el caso de Justicia y Paz, las críticas jurídicas se han originado principalmente de una centralidad en la figura del victimario y un desempoderamiento de las víctimas, que es visible no solo en la legislación, sino en los resultados de las decisiones judiciales donde las "versiones libres" son mayoritariamente usadas para la construcción de las sentencias (Collins *et al.*, 2016). Como una forma de subsanar estos problemas, la reciente JEP ha incluido una diversidad de principios, mecanismos y rutas de participación de las víctimas que permiten que se vinculen a los procesos como intervinientes especiales[8].

Otro problema en la implementación de Justicia y Paz fue que a pesar de que la ley se regía por el principio de publicidad[9], y que diversas institucio-

8 Véase JEP. (2020). Manual para la Participación de las Víctimas en la Jurisdicción Especial para la Paz, p. 33.

9 En la Constitución el artículo 29 de la Carta dispone que toda persona tiene derecho "a un debido proceso público sin dilaciones injustificadas". de acuerdo con las sentencias. Corte Suprema De Justicia, Sala De Casación Penal. Radicación 27484, Auto del 2 de octubre de 2007 M. P., Dr. Augusto José Ibáñez Guzmán y Corte Constitucional, Sala Sexta de Revisión, Radicación T-049. Sentencia de Tutela del 23 De enero de 2008. M. P., Dr. Marco Gerardo Monroy Cabra, la publicidad no implica cambios en el procedimiento jurídico ni en la reserva. En otras palabras, las versiones libres no serán lugares para la confrontación y preguntas de las víctimas y conservarán su carácter de diligencia reservada. No obstante, dentro del artículo 8 de la Ley 975 de 2005 queda establecida la aceptación pública de los hechos como una medida de reparación simbólica. En este mismo sentido, el artículo 7 de la misma legislación establece la definición del derecho a la verdad en función a los procesos de difusión, este afirma: derecho a la verdad, la sociedad, y en especial las víctimas, tienen el derecho inalienable, pleno y efectivo de conocer la

nes realizan esfuerzos comunicativos, las demoras en el proceso y la falta de articulación acabaron por restringir el acceso de la sociedad a sus resultados (Centro Nacional de Memoria Histórica, 2012). El sistema SJVIJNR cuenta con un equipo de funcionarios de planta que de manera constante trabajan en las estrategias comunicativas de los logros de todo el sistema y de los procedimientos de cada uno de los componentes de este[10].

Justicia y Paz ha sido en varios sentidos un modelo de justicia transicional de aprendizaje, por un lado, desde sus aciertos y desaciertos ha hecho posible la autocorrección por medio de reformas internas y externas por medio de cambios organizacionales y actos legislativos, y, por otro, ha permitido el diseño de un nuevo sistema transicional mejorado ampliamente desde su sustento jurídico y organizacional (Peña, 2019).

La lección que ha quedado pendiente explorar, desde una perspectiva jurídica, antropológica y política, está relacionada con las deficiencias en la divulgación que no consolidaron los marcos transicionales como Justicia y Paz (Centro Nacional de Memoria Histórica, 2012). Los medios tampoco realizaron un trabajo polifónico en las informaciones difundidas, dado que sus discursos fueron dominados por la perspectiva institucional y la voz del victimario; lo cual generó la desconfianza de las víctimas y otros sectores sociales (Centro Nacional de Memoria Histórica, 2012). Evidentemente, la problemática comunicativa está vinculada a los problemas relativos a la lenta implementación de Justicia y Paz, que llevó a que la primera sentencia se dictará cuatro años después de su implementación y a que la reparación de víctimas y la recopilación de hechos fuera pobre durante los primeros seis años (Cardona, 2020).

Promover el estudio de Justicia y Paz debe tener un enfoque propositivo, necesariamente la comprensión de los procesos divulgativos debe tener este carácter, por esto, la implementación de ideas investigativas debe tener dos

---

verdad sobre los delitos cometidos por grupos armados organizados al margen de la ley, y sobre el paradero de las víctimas de secuestro y desaparición forzada. Las investigaciones y procesos judiciales a los que se aplique la presente ley deben promover la investigación de lo sucedido a las víctimas de esas conductas e informar a sus familiares lo pertinente. Los procesos judiciales que se adelanten a partir de la vigencia de la presente ley no impedirán que en el futuro puedan aplicarse otros mecanismos no judiciales de reconstrucción de la verdad.

10 Véase JEP. (2020). Manual para la Participación de las Víctimas en la Jurisdicción Especial para la Paz.

caras como Jano[11], mirar hacia el pasado en tanto que debe proveer una visión reflexiva del sistema y la jurisdicción, y otra hacia el futuro, que permita que estos ejercicios tengan aplicaciones y desarrollos dentro del SJVIJNR. Importantes avances se lograrán en el país si es posible entender e integrar las narrativas culturales y artísticas con los procesos de justicia transicional, particularmente ahora que ha salido a la luz el informe final de la comisión de la verdad[12] y los primeros autos de los macros casos 001: Toma de rehenes y graves privaciones de la libertad cometidas por las FARC-EP[13] y los autos de apertura de los demás casos, incluyendo el caso 003: Asesinatos y desapariciones forzadas presentados como bajas en combate por agentes del Estado[14].

Al respecto, no podemos olvidar que la verdad y la justicia son dos derechos íntimamente ligados jurídicamente para las familias de las víctimas (Jaimes y Mendoza, 2020). En el caso de los familiares de desaparecidos eso no incluye únicamente localizarlos sino también saber la verdad de los hechos y buscar algún tipo de justicia por lo acontecido (CNMH, 2016). En este escenario, difundir las sentencias y los autos que ordenan las medidas que responden a esas demandas y que además contienen una versión probada de las desapariciones es extremadamente necesario; no obstante, la forma de hacerlo no puede caer en la generación de discursos cerrados o de memorias unificadas. Si existe alguna lección sobre las reparaciones en la justicia transicional, que países como Alemania y Argentina pueden darnos, es que los esfuerzos económicos pueden ser inútiles en tanto no haya un reconocimiento de las víctimas y una solidaridad genuina acompañada de la verdad y de un mínimo de justicia o señalamiento de los perpetradores[15].

En resumen, en el caso colombiano hemos planteado la importancia y la necesidad apremiante de estrategias de difusión para los sistemas de Justicia Transicional, resaltando las dificultades que ha tenido Justicia y Paz

---

11 Jano es el dios romano bicéfalo de la puerta o el portal. Al igual que una puerta tiene dos caras una que mira hacia adelante y una hacia atrás. https://oxfordre.com/classics/abstract/10.1093/acrefore/9780199381135.001.0001/acrefore-9780199381135-e-3482

12 El Decreto 588 de 2018 obliga a la Comisión de la Verdad a dar la máxima difusión al informe final.

13 Véase Auto n.° 19 de 2021, Bogotá, 26 de enero de 2021 Caso n.° 01. Toma de rehenes y graves privaciones de la libertad cometidas por las FARC-EP.

14 Véase JEP. https://www.jep.gov.co/especiales1/macrocasos/03.html

15 Véase Scielo. http://www.scielo.org.co/scielo.php?script=sci_arttext&pid=s0124-05792005000300005

en este aspecto. La exposición de algunas de estas falencias derivadas de la aplicación de Justicia y Paz es un espacio en el que la investigación-creación puede contribuir a subsanar algunas de las deficiencias y a comprender fenómenos que puedan fortalecer los procesos transicionales que se están desarrollando actualmente.

REFERENCIAS

Araujo, F. (2016). Ñão tem corpo, não tem crime: Notas socioantropológicas sobre o ato de fazer desaparecer corpos. *Horizontes antropológicos*. DOI: 10.1590/S0104-71832016000200002

Arendt, H. (1999). *Eichmann en Jerusalén*. Debolsillo.

Botero, R. (1996). *En busca de los desaparecidos: análisis político criminal de la conducta y su normatividad*. Defensoría del Pueblo, Bogotá, Colombia.

Cardona, J. (2020). Priorización, contextos y patrones de macrocriminalidad: estrategia de investigación en el marco de la justicia transicional en Colombia. *Pensamiento Jurídico*, (52). https://revistas.unal.edu.co/index.php/peju/article/view/82572

Celano, B. (2014). El ángulo muerto de Hart. La pieza que falta. *The Concept of Law*. Universidad de Alicante.

Celedón, O. (2014). El delito de desaparición forzada. En F. Velásquez, R. Posada, y M. Correa (eds.), *Estudios Críticos de Jurisprudencia de la Corte Suprema de Justicia*, *5*, (pp. 19-44). Universidad de los Andes.

Centro Nacional de Memoria Histórica. [CNMH]. (2016). *Hasta encontrarlos. El drama de la desaparición forzada en Colombia*. CNMH.

Collins, C., Skaar, E. y García, J. (eds.) (2016). Justicia Transicional en América Latina: el Largo Camino de la Impunidad a la Rendición de Cuentas. Routledge. http://uir.ulster.ac.uk/32929/1/Skaar_final_files.zip

Colombo, P. (2019, junio). Topografías de la memoria: (Des)habitar: la inscripción espacial de la desaparición forzada en la casa. *Kamchatka. Revista de Análisis Cultural*, *13*, 319-340. DOI: 10.7203/KAM.13.12985

Corte IDH (1988). Caso Velásquez Rodríguez contra Honduras, sentencia del 29 de julio de 1988, par. 166.

Congreso de Colombia. Ley 1408 del 20 de agosto de 2010. Por la cual se rinde homenaje a las víctimas del delito de desaparición forzada y se dictan medidas para su localización e identificación.

Convención Internacional para la Protección de todas las Personas contra las Desapariciones Forzadas. https://www.ohchr.org/es/instruments-mechanisms/instruments/international-convention-protection-all-persons-enforced

Comisión de la Verdad para El Salvador. (1985). *De la locura a la esperanza: la guerra de 12 en El Salvador*. Organización de las Naciones Unidas.

Elsemann, N. y Hernández, E. (2012). Nuevos espacios del saber en la justicia transicional: Argentina y la lucha global contra la desaparición forzada. *Iberoamericana*, *12*(48), 101-112. http://www.jstor.org/stable/23720451

Ferrajoli, L. (2011). Principia iuris. *Teoría del derecho y de la democracia*, t. 1. Trotta

Fortuny, N. (2009). ¿Dónde están?: la espacialidad fotográfica, el cuerpo y la memoria en una serie temprana de *Res. Cuestión*, *1*(23), 41.

Garzón, E. (2019). Valoración patrimonial del Parque-Monumento, Trujillo, Colombia: memorial democrático al servicio de una comunidad de memoria. *Revista CS*, *28*, 87-124.

Gatti, G. (2008). *El detenido desaparecido: Narrativas posibles para una catástrofe de la identidad*. Trilce.

Gatti, G., Irazuzta, I. y Saez, R. (2020). Los no contados. Desbordamiento del concepto jurídico de desaparición. *Athenea Digital*, *20*(3).

Greif, P. (2005, agosto). Los esfuerzos de reparación en una perspectiva internacional: el aporte de la compensación al logro de la justicia imperfecta. *Estudios Socio-Jurídicos*, *7*.

Hart, H. (1992). *Essays on Bentham: Jurisprudence and political theory*. Oxford University Press.

Huhle, R. (2014). *Noche y niebla. Mito y significado*. https://xdoc.mx/preview/noche-y-niebla-mito-y-signincado-5f5001262fb39

Ibáñez, J. (2017). *Justicia transicional y comisiones de la verdad*. Biblioteca Derechos Humanos.

Jaimes, L., López, H. y Mendoza, L. (2020). El arte de recordar: La (im)posibilidad para el ejercicio de la memoria en espacios públicos, caso de las leyes de impunidad de Argentina. *En Cultura y arte para nueve casos de violaciones a los derechos humanos. Estudios sobre Reparación Simbólica*. Universidad Externado de Colombia.

Knafou, R. (2012). *Auschwitz, ¿un lugar turístico?* 4–7._http://journals.openedition.org/viatourism/1594

Longobardi, S. (2021). Terminología jurídica y discurso periodístico: investigaciones sobre el caso niños robados del franquismo. En *Actas I Encuentro del Joven Hispanismo e Hispanoamericanismo Italiano*. Centro Virtual Cervantes.

Longoni, A. (2010). Arte y política. Políticas visuales del movimiento de derechos humano desde la última dictadura: fotos, siluetas y escraches. *Aletheia*, *1*(1).

Malem, J. (2001). ¿Pueden las malas personas ser buenos jueces? Universitat Pompeu Fabra. https://rua.ua.es/dspace/bitstream/10045/10214/1/doxa24_14.pdf

Meade, T. (2001). Holding the Junta accountable: Chile's "sitios de memoria" and the history of torture, disappearance, and death. *Radical History Review*, *139*(79), 123-139. DOI: https://doi.org/10.1215/01636545-2001-79-123

Mejía, J. (2016). *América Latina, modernidad y conocimiento. El desarrollo de otro discurso epistémico*. Fondo Editorial de la Facultad de Ciencias Sociales (UNMSM).

Mercado, M. (2005). *Los dilemas de la representación en los sitios de memoria*, 1-8.

McAuliffe, P. (2021). Justicia transicional, instituciones y temporalidad: hacia una comprensión dinámica. *Revista de Derecho Penal Internacional*, *21*(5), 817-847. DOI: https://doi.org/10.1163/15718123-bja10060

Motta, E. (2018). *La emancipación estética de las sentencias: el carácter simbólico de los fallos de la Corte Interamericana de Derechos Humanos en contra del Estado peruano*. Universidad Externado De Colombia.

Panizo, L. M. (2012). *Ausencia y desaparición: el caso de los desaparecidos de la última dictadura militar en Argentina*.

Pecout, D. (2021). Entre polarización política y protesta social. *Democracia. Análisis Político*, (102).

Peña, L. (2019, noviembre). Paz territorial: conectando imaginación moral e imaginación geográfica. Instituto Colombo-Alemán para la Paz (CAPAZ). *Documento de Trabajo* 5-2019.

Ricoeur, P. (2008). *La memoria, la historia, el olvido*. FCE.

Robin, R. (2014). Sitios de memoria e intercambio de lugares. *Clepsidra: Revista Interdisciplinaria de Estudios Sobre Memoria*, 122-145. http://memoria.ides.org.ar/revista-clepsidra/clepsidra-n-2

Roigé, X. (2017). De monumentos de piedra a patrimonio inmaterial. Estrategias políticas, museológicas y museográficas de presentación de la memoria. En *Lugares de memoria traumática: representaciones museográficas de conflictos políticos y armados*, 71-98.

Schindel, E. (2009). Inscribir el pasado en el presente: memoria y espacio urbano. *Política y Cultura*, *31*, 65-87. DOI: https://doi.org/10.1016/0022-2364(73)90172-8

Sriram, C. (2007). ¿Justicia como paz? Liberal peacebuilding and strategies of transitional justice. *Global Society*, 579-591. DOI: 10.1080/13600820701562843

Stam, J. (2005). *La biblia y la violencia*. Editorial Verbo Divino.

Teitel, R. (2003). Transitional justice genealogy. *Harvard Human Rights Journal*, *16*, 69-94.

Vega, L. y Olalde A. (2018). La justicia restaurativa como paradigma orientador de paz: los encuentros restaurativos. *Icade. Revista de la Facultad de Derecho*, (103). DOI: https://doi.org/10.14422/icade.i103.y2018.0013

Vinyes, R. (2002). *La buena memoria. El universo simbólico de la reconciliación en la España democrática. Relatos y símbolos en el texto urbano*. Dialnet.

Zehr, H. (2006). *El pequeño libro de la justicia restaurativa*. Good Books.

CAPÍTULO PRIMERO

METODOLOGÍA PARA EL ESTUDIO DE LA DESAPARICIÓN FORZADA EN CEMENTERIOS EN COLOMBIA

MÓNICA JOHANNA GIEDELMANN REYES*
CLAUDIA LORENA GÓMEZ SEPÚLVEDA**
LAURA FERNANDA JAIMES ALVARADO***

Un principio de esta investigación es que una indagación sobre la interconectividad del duelo, la muerte y el paisaje es particularmente adecuada para los métodos de investigación fenomenológica debido al entrelazamiento del yo, la subjetividad y el paisaje.
Wilson Baptist, *Reenchanting Memorial Landscapes: Lessons from the Roadside*
Traducción propia

La idea que se cuestiona parte del supuesto de que mientras el discurso del derecho se ha construido a partir de la lógica tradicional de la razón y presenta la verdad como una verdad absoluta y casi metafísica, el arte permite acceder a encuentros y hallazgos antes no revelados, y ello a través de la experiencia estética, a través de las emociones, de los sentidos, y en definitiva, a través de una racionalidad alternativa.
Jimena Sierra-Camargo, *¿Qué son las estéticas legales? Una aproximación a la noción de "arte y derecho"*

* Antropóloga de la Universidad de los Andes (Bogotá); magíster en Muerte y Sociedad y doctora en Arqueología de la Universidad de Reading en el Reino Unido. Actualmente es directora del Instituto de Investigaciones en Ciencias Sociales Atulaa, docente investigadora del programa de Antropología en la Universidad de Santander y miembro del grupo de investigación en Humanidades, Guane (Bucaramanga). Áreas de investigación: muerte, rituales funerarios y duelo en contextos arqueológicos y contemporáneos. Contacto: mon.giedelmann@mail.udes.edu.co

** Especialista en Memorias Colectivas, Derechos Humanos y Resistencias del Consejo Latinoamericano de Ciencias Sociales (CLACSO). Historiadora y Archivista de la Universidad Industrial de Santander. Joven investigadora adscrita al Ministerio de Ciencia Tecnología e Innovación y a la Universidad de Santander (UDES) durante el periodo de junio de 2021 a junio de 2022. Miembro del grupo de investigación Guane, UDES. Contacto: c.lorenagomez@hotmail.com

*** Ph. D. en Fisiología de la Universidad Federal de Minas Gerais Brasil. Magíster en Neurociencias de la misma universidad. Psicóloga de la Universidad Pontifica Bolivariana de Bucaramanga. Contacto: Lauferjaimes@gmail.com

SUMARIO

1. La propuesta: expectativa y realidad. 2. Fuentes de investigación sobre la desaparición forzada. 3. Categorías de investigación: naturaleza y pluralidad entre las fuentes. Referencias.

1. LA PROPUESTA: EXPECTATIVA Y REALIDAD

En este capítulo se exponen las apuestas metodológicas que el equipo investigador planteó y luego trató de implementar atravesando una época convulsa en toda la humanidad, la pandemia de SARS-CoV-2, y de manera más particular, las situaciones de orden público que aquejaron a Colombia entre 2021 y 2022. El interés por estudiar el crimen de la desaparición forzada (DF) confluye entre la mirada de la emancipación estética dentro del marco de la reparación simbólica y la puesta en escena de las manifestaciones de duelo en cementerios de zonas afectadas por el mismo fenómeno. De manera que postula un trabajo transdisciplinario que buscó acompasar debates jurídicos con análisis antropológicos alrededor de las representaciones sociales y rituales que emergen en contextos funerarios para que en conjunto pudieran exponer más holísticamente las afectaciones que sufre la población de víctimas indirectas al igual que el resto de la sociedad civil: Expresiones en las búsquedas paralelas que se realizan a las dirigidas por el Estado, manifestaciones polifónicas de elaboración del duelo en contextos complejos y sobre toda aquella manifestación que cuente experiencias dolorosas de personas que no desean ser silenciadas ante su pérdida.

El proyecto enfrentó diversos retos metodológicos, pues se diseñó antes de las noticias de la covid-19, e implicó un gran trabajo en campo, especialmente en cementerios. El giro de acontecimientos obligó a la reconfiguración del cronograma de actividades, adopción de medidas extremas de bioseguridad, la intensificación de visitas a los municipios y respectivos cementerios y a una mayor apropiación e implementación de tecnologías digitales con las que se establecieron canales de comunicación con las organizaciones de víctimas por medio del diseño de instrumentos de transferencia de conocimiento de los objetivos y formas del proyecto; así, se pudieron establecer lazos de confianza entre el equipo investigador y la población a trabajar durante los meses de confinamiento severo. Posteriormente, se lograron realizar las estancias de captura de datos *in situ* y actividades de cocreación y socialización con las organizaciones colaboradoras de manera segura en medio de tiempos complejos: las movilizaciones sociales entre abril y diciembre de 2021 con varias convocatorias de Paro Nacional, y que estuvo impulsado por el espíritu del paro anterior, conocido como el 21N, efectuado en el marco de las movilizaciones sociales trascurridas entre el 21 de noviembre de 2019 y 21 de febrero de 2020; además, de los episodios de resurgimiento de violencia en la zona antioqueña antes de las elecciones legislativas de Colombia de 2022, fue sin duda una experiencia de aprendizaje muy retadora que fortaleció al equipo y permitió explorar otros canales de comunicación y difusión antes poco empleados. Una de las principales ventajas fue el diseño y elaboración de material digital que permitió hacer difusión y seguimiento de los procesos con los agentes colaboradores de manera más nutrida, que si se hubiera confiado todo a una presencialidad intermitente.

2. FUENTES DE INVESTIGACIÓN SOBRE LA DESAPARICIÓN FORZADA

La selección de fuentes de consulta propendió por el estudio polimórfico del acto de la DF, el reto estaba en saber ¿cómo trabajar con datos de DF en contextos funerarios? dado que esta se aborda casi siempre de manera segmentada por enfoques disciplinares, especialmente en lo relacionado con los procesos judiciales (Humphrey, 2018; Rettberg, 2020) y dado el tecnicismo que este imprime y genera una brecha profunda con comprensiones más holísticas y sentidas de los colectivos sociales sobre los cuales operan los efectos legales, al igual que sobre la sociedad misma. De manera que era imperante combatir la carente vocación explicativa y propender por la difusión de comprensiones y experiencias plurales de las gentes sobre la cuales recaen dichas disposiciones legales. Así, nuestra propuesta metodológica propicia la inclusión de otras esferas al estudio de la DF, que permitan cotejar con escenarios distintos a los ámbitos legales y promuevan la escucha de las voces de otros agentes (población víctimas indirectas) para desvelar efectos de la DF a nivel social, histórico y cultural y no estrictamente legal. Las fuentes tratadas versan desde sentencias judiciales hasta expresiones artísticas e incluyen la voz oficial y las voces silenciadas, por un intento de plasmar escenarios variopintos de la DF.

El primer grupo de fuentes documentales son textos académicos y científicos. Se elaboró una revisión sistemática de la literatura de los últimos 10 años en las grandes categorías que se habían propuesto inicialmente: noción del individuo, familiares, corporalidad, espacialidad, estética y sociedad; las cuales fueron operacionalizadas en 23 palabras en inglés y español (figura 1) y que, junto a la palabra desaparición forzada sirvieron de motor de búsqueda en seis bases de datos (SCOPUS, Open Access, Jastor, EBSCO, Scielo, Banco de Datos Jurídicos del Externado), lo cual logró la identificación de 1 767 996 títulos, depurados de copias y duplicados en 992 105 resúmenes y a partir de la metodología SQ3R (*Survey, Question, Read, Recall, Review*)[1], se realizó la fase de *screening* por medio del sondeo (*Survey*) y las preguntas (*Questions*) para guiar este proceso. En otras palabras, durante el *screening* con la ayuda de una mirada rápida en el índice, la página de contenidos, los títulos de los capítulos o apartados y el resumen o la introducción (esta última para el caso de libros u otros documentos) se seleccionaron 1083 archivos. Estos últimos fueron clasificados por el equipo interdisciplinar de acuerdo a la pertinencia investigativa usando un sistema de clasificación basado en el nivel de relación del resumen y las *keywords* con las preguntas del proyecto, lo cual determinaba si el texto era: clave, elegible, relacionado o no relacionado. Con este mecanismo se seleccionaron 239 textos claves, dentro de los cuales cada investigador —con formaciones disciplinares diversas— seleccionó nueve para así conformar una unidad hermenéutica de 63 textos. La lectura y codificación de los textos permitió una mayor comprensión de los procesos y de los fenómenos de desaparición sirviendo de soporte teórico para toda la investigación.

La segunda fuente documental está constituida por dos sentencias judiciales expedidas por el Tribunal Superior del Distrito Judicial de Medellín en su sala de conocimiento de Justicia y Paz en el marco de la Ley 975 de 2005, y que corresponden al Bloque Cacique Nutibara y el Bloque Metro. La elección de estas sentencias responde a la necesidad del estudio de las fuentes judiciales que constituyen una verdad judicial, pero que, por su lenguaje técnico y su circulación, se restringe a sectores especializados (Humphrey, 2018; Rettberg, 2020). Se eligen estas dos sentencias por compartir conexiones geográficas en el departamento de Antioquia (Cifuentes y Avendaño, 2020, p. 44), además de permitir el estudio de las particularidades de las prácticas y productos culturales relacionados con la DF en sitios funerarios rurales

---

1 Véase, sobre esta metodología, How to read: SQ3R. https://www.rlf.org.uk/resources/how-to-read-sq3r/

IMAGEN 1
FLUJOGRAMA DE LA REVISIÓN DE LA LITERATURA

Fuente: elaboración propia.

y urbanos. Son documentos de gran extensión y estructuras uniformes en la que se narra el contexto, análisis de derechos vulnerados, patrones de macrocriminalidad y en general la investigación de fondo, que finaliza con un pronunciamiento respecto a la responsabilidad y medidas de reparación.

Cabe resaltar que los segmentos de la sentencia seleccionados como representativos corresponden a un análisis de los contenidos en el cual se elaboraron más de 989 citas a partir de 22 códigos en las casi 3121 páginas que constituían las dos sentencias con sus respectivas aclaraciones, adiciones y salvamentos de voto de los magistrados. Para el muestreo de los fragmentos más relevantes se tuvieron en cuentan los códigos de hechos de DF (específicos y de contexto), lugares de depósito de cadáveres (65 citas), lugares de tránsito (12 citas), lugares de inicio de DF (31 citas), lugares de homicidio (243 citas), lugares de tortura (23 citas), *modus operandi* de desaparición forzada (40 citas), tratamiento del cuerpo (21 citas que incluyen varios códigos diferenciados) y medidas de reparación (100 citas).

El primer objetivo del análisis de contenido de las sentencias era referenciar geográficamente lugares asociados con DF. Al ser un delito que se da en la consecución de una serie de eventos se dificulta el cruce y la confirmación de información a lo largo del procedimiento criminal (Arias y Arias, 2019). Con las informaciones recabadas en la unidad hermenéutica se elaboraron mapas georeferenciados con la herramienta de Google Maps (mapa 1) que mostraron algunos lugares específicos con mayor saturación. En el caso de la sentencia del Bloque Cacique Nutibara hay una concentración en el área metropolitana de Medellín siendo que los lugares de DF (incluyendo todas las categorías mencionadas): la Comuna 13, La Escombrera, Vallejuelos y San Antonio de Prado.

Por su parte, en la sentencia del Bloque Metro se encontró que los lugares mencionados estaban geográficamente más dispersos abarcando una zona extensa del occidente antioqueño. Particularmente, las sentencias señalan a Cristales, San José del Nus, San Roque, Río Negro, Puerto Nare, Yolombó, Barbosa y Guarne (mapa 2). A diferencia de lo que acontece en la sentencia Cacique Nutibara donde la mención de canchas, potreros, calles, areneras, escombreras y otros referentes citadinos era constante, en la sentencia del Bloque Metro prevalece reiteradamente el arrojo de cuerpos a arroyos, quebradas, cañadas y ríos.

El trabajo en sitios funerarios velaba por referenciar los lugares de depósito final de cadáveres, que además cumpliera con: los sitios funerarios

MAPA 1
CARTOGRAFÍA DE SITIOS DE INTERÉS
DE LA SENTENCIA BLOQUE CACIQUE NUTIBARA

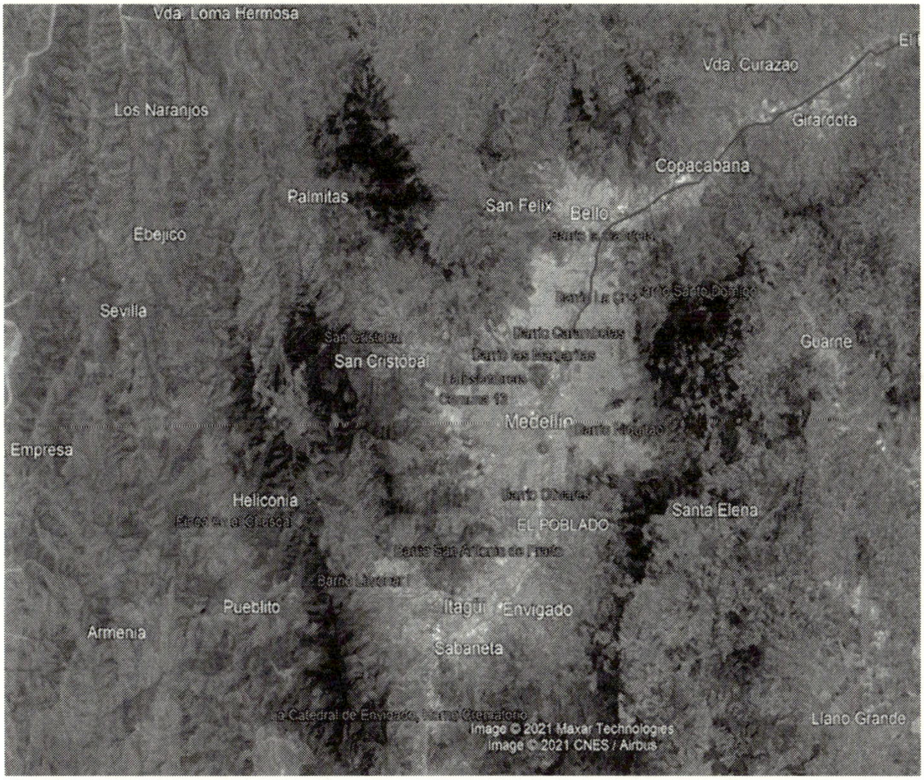

deben tener directa relación con la temática de DF, se debe privilegiar aquellos que propicien la captura de datos bajo la matriz de estudio de las categorías de análisis, deben ser lugares seguros para la realización de las visitas por parte del equipo investigador y debe existir una relación con el grupo de organizaciones con quienes se realizarán contactos para posteriores entrevistas, al igual que lugares que ya se encuentren identificados dentro del inventario de productos artísticos adelantado por el grupo de investigación en Derecho Constitucional.

Trabajar en función de sitios funerarios con estas características, es adecuado en la medida que algunas investigaciones ya mostrarán que la presencia de entierros clandestinos en fosas comunes, cementerios y otros lugares cambia el espacio y las expresiones culturales (Robledo, 2020). Al

MAPA 2
CARTOGRAFÍA DE SITIOS DE INTERÉS
DE LA SENTENCIA BLOQUE METRO

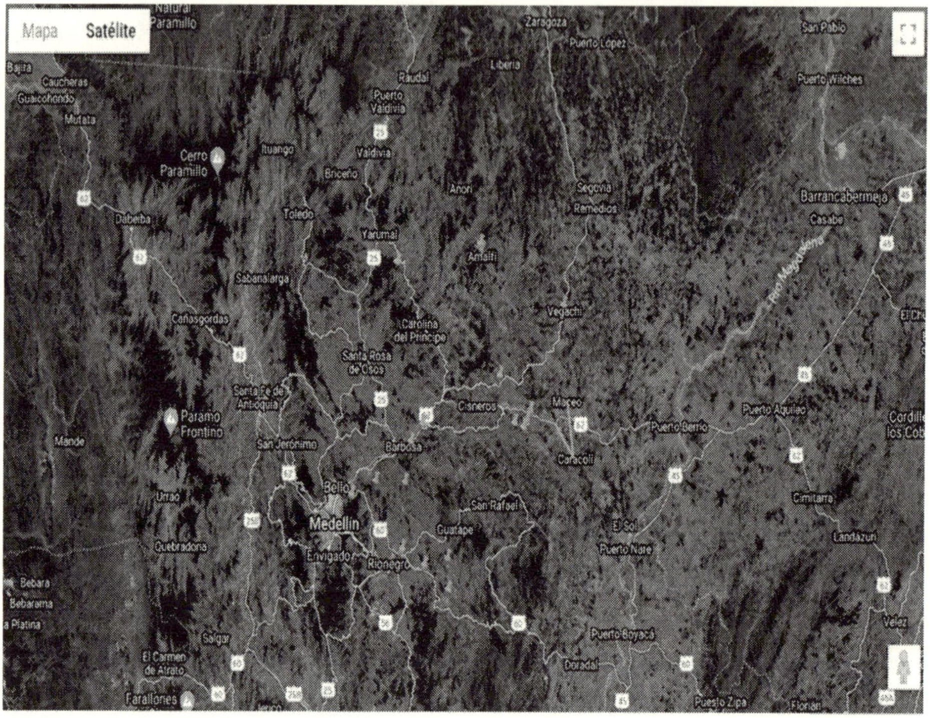

aproximarse a las sentencias, surgieron como sitios de interés: La Escombrera, La Arenera, el Jardín Cementerio Universal de Medellín, cementerio de San José del Nus, río Magdalena y Cristales.

Los acercamientos iniciales a los sitios y a las organizaciones decantaron el trabajo en función de los criterios expuestos previamente. En el caso de Medellín, La Escombrera y La Arenera son lugares privados de difícil acceso físico y con problemas complejos de seguridad, lo mismo ocurría con Cristales (San Roque). El río Magdalena se escogió como el afluente que recibe todos los caudales mencionados a lo largo de la sentencia Bloque Metro. No obstante, el paso de este río por Antioquia y la multiplicidad de municipios llevaron al presente estudio a enfocarse en los fenómenos culturales, movimientos sociales y organizativos que pasan en Puerto Berrío como un municipio clave, especialmente, en su cementerio municipal La Dolorosa.

De forma similar, los fenómenos artísticos y culturales del cementerio San Javier, lo convirtieron en el candidato ideal de la Comuna 13 para ser estudiado, teniendo en cuenta que los otros lugares referenciados no ofrecían condiciones adecuadas para la investigación. Así, finalmente se conformó un total de cuatro sitios funerarios rurales y urbanos en Antioquia asociados con la DF, derivados de los Bloques Cacique Nutibara y Bloque Metro. En la ciudad de Medellín se trabajó en el Jardín Cementerio Universal y el cementerio de Las Américas en la Comuna 13 (San Javier); en el municipio de Puerto Berrío en el cementerio La Dolorosa, y en el cementerio del municipio de San José del Nus.

De forma más extensiva en capítulo 3 se muestra las particularidades de cada cementerio y la necesidad de estudiar los cementerios para entender las sociedades, sus rituales y organización. Especialmente, en Colombia se sabe que los cementerios han sido un lugar clave en las diversas formas de desaparición, siendo lugares de paso o de depósito definitivo de cuerpos de personas desaparecidas, las cuales, generalmente, son trasladadas desde otros lugares para que no exista un registro o una ruta que permita a los funcionarios locales establecer la identidad de las personas (CNMH, 2016).

El objetivo de la intervención en dichos panteones buscaba reconocer, de manera general, las prácticas culturales de entierro y conmemoración de los seres queridos, u otras manifestaciones sociales que acontecen en estos lugares. Dado que el interés es por el conocimiento general, se capturan las lápidas en su totalidad, y no exclusivamente de los entierros referidos a los posibles desaparecidos; para con esto lograr un panorama integral que permita reconocer la representatividad de las tumbas de cuerpos no identificados (NN), evidenciar prácticas rituales diferenciadas (entierros con cuerpo identificados y sin identificar), determinar patrones de culto al igual que actividades inusuales, y, en general, poder acercarse a los sentimientos, imaginarios y costumbres de despedida de los dolientes de esta zona antioqueña, tanto en contextos urbanos como rurales. Desde el ámbito personal, ejercido por la relación que sostiene el doliente con el territorio a partir de la resignificación que comúnmente se acompaña de narrativas; y, desde el ámbito social que identifica estas narrativas del doliente por medio de su demarcación territorial para dignificar a sus conciudadanos al forjar un sitio de y para la memoria.

Los textos escritos y gráficos fueron procesados mediante el *software* Atlas.Ti web, generando un análisis a 69 documentos, que usó 48 códigos

MAPA 3
UBICACIÓN GEOGRÁFICA DE LOS LUGARES ESCOGIDOS PARA LA REALIZACIÓN DEL PROYECTO

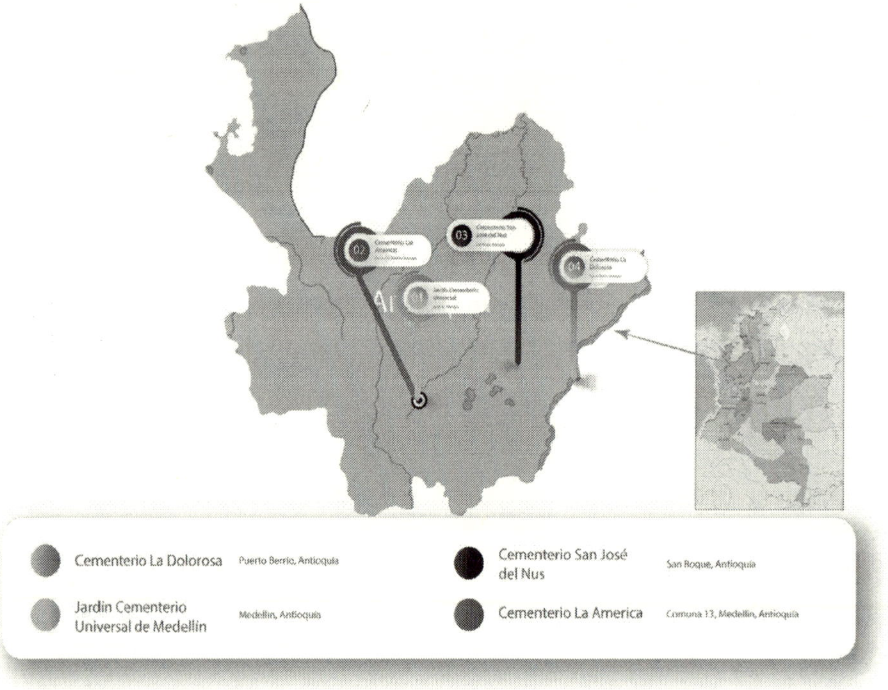

que identificaron las categorías iniciales y las surgidas en el proceso investigativo, permitiendo generar una descripción de los cuatro cementerios con más de 12 000 citas que permiten esbozar las características generales de estos sitios funerarios.

Como tercera fuente de consulta era imprescindible hablar con las personas que diariamente conviven, ya sea con la pérdida de un ser amado desaparecido, o han transitado esa experiencia, están involucrados en la búsqueda de desaparecidos, desarrollan otras acciones de reparación simbólica por medio de la creación artística o cultural, o simplemente son personas que viven en contextos impactados por este crimen[2], de suerte

---

2 "Las labores de las organizaciones de víctimas, llevadas a cabo por décadas, se mantienen en un contexto en que el conflicto armado sigue vigente, por lo que denunciar y confrontar a los

que se cuenta con 25 entrevistas a 28 personas (un actor fue entrevistado dos veces, una entrevista fue colectiva y 22 entrevistas fueron de carácter individual). Los participantes fueron contactados a partir de un listado de organizaciones, elaborado con informantes locales y búsquedas virtuales que incluía 26 asociaciones e instituciones que trabajaban de forma directa con los sitios funerarios escogidos o con el tema de DF. Con los contactos iniciales, las estrategias comunicativas y la relación virtual y presencial, se logró vincular a las siguientes organizaciones: las Madres de la Candelaria Caminos de Esperanza, Corporación Jurídica Libertad, Mujeres Caminando por la Verdad, Casa Kolacho, administración del Jardín Cementerio Universal (Unidad de Derechos Humanos de la Alcaldía de Medellín), Museo Casa de la Memoria, Emisora Cultural de la Universidad de Antioquia, Asociación de Mujeres Emprendedoras Víctimas de Puerto Berrio, IMP Corporación Alianza iniciativa de mujeres colombianas por la paz, Asociación de Víctimas del Magdalena Medio (ASOVICMAG), Ave Fénix Asociación de Víctimas, Fundación Xenofilia y Asociación de Víctimas de Crímenes del Estado (ASORVIMM). Además, fue posible obtener entrevistas con agentes que representan diferentes poderes del Estado que trabajan en torno a la DF como la Alcaldía de Medellín, Alcaldía de Puerto Berrio, Jurisdicción Especial para la Paz (JEP) y Unidad de Búsqueda para Personas Desaparecidas, logrando conformar un grupo de colaboradores más amplio, pues su aporte al proyecto traspasó la búsqueda de información, y alcanzó la cocreación de instrumentos y conocimiento con el equipo investigador.

Al respecto, se llevaron a cabo dos talleres de creación que tuvieron como objetivo componer, junto a los participantes, obras artísticas que estuvieran relacionadas con fragmentos de las sentencias judiciales asociados a la DF. Uno de los talleres fue realizado en Puerto Berrío, Antioquia, en el barrio Oasis, y otro en Medellín. Los talleres contaron con la participación de víctimas indirectas de DF, sociedad civil, víctimas de otros crímenes

---

actores armados supone riesgos y amenazas contra quienes desarrollan la lucha por la verdad y la justicia. No obstante, cabe destacar la persistencia que ha caracterizado la lucha de los familiares de víctimas de desaparición forzada, tenacidad a través de la cual han logrado avances de distinta índole así como la construcción de estrategias y mecanismos de acogida y apoyo a las víctimas. como hemos anotado, las organizaciones de familiares de víctimas de desaparición forzada han reemplazado al estado y desarrollado labores que le competen a este, por lo que reconocemos su invaluable labor en contra de la desaparición forzada y en el abordaje de los impactos y daños que esta ha dejado a su paso" (Centro Nacional De Memoria Histórica, 2016, p. 380).

(desplazamiento forzado, homicidio), miembros de fundaciones, miembros de museos e instituciones de cultura y colectivos de arte.

Se realizaron dos talleres de creación adaptados a los procesos de participación y condiciones locales de ejecución, que se realizaron en las seis fases: 1. Presentación y generación de cohesión en el grupo, 2. Agrupación y lectura de narrativas judiciales reales o ficticias para análisis y discusión, 3. Presentación de casos de emancipación estética realizada por el equipo con obras artísticas, 4. Detonación de procesos creativos a partir de elementos y diversas materialidades, 5. Exposición y 6. Cierre de la actividad[3].

En el taller del mural realizado en Puerto Berrío, en el barrio Oasis, la primera actividad consistió en dos días de trabajo de organizaciones sociales, de víctimas y dos artistas locales, lo primero fue un proceso de contar historias personales y atarlas con el territorio, la segunda fase, se hizo a partir de un caso de desaparición ficticia en la cual era posible reflexionar sobre la forma en la que se construyen las narraciones jurídicas, después, usando impresiones, se expusieron los emparejamientos realizados entre tres obras y las sentencias objeto de estudio y luego, tomando como base las discusiones, se escogieron una serie de palabras y representaciones que irían en el mural, finalizando el día con una merienda. A la mañana siguiente, los artistas y los participantes del barrio alistaron los materiales necesarios para la actividad, todos iban sumándose y aportando al diseño y pintura del mural, este plasmaba todas las palabras escogidas durante el primer día y tenía dos partes, una de ellas era un árbol cuyo fruto eran estas palabras, y en la otra parte, fue diseñada una mándala.

Los participantes dibujaron diversos elementos que eran significativos en su realidad, como hojas de plátano, mariposas y flores, también, como forma de apropiación, pintaron sus manos y las plasmaron sobre el mural. El proceso de exposición se fue dando en la medida en que se avanzaba en el arte y, después de compartir experiencias, durante el almuerzo, la comunidad pudo observar su creación bajo la sombra de los árboles en el parque.

Por otro lado, el taller de creación, realizado en Medellín, se diferenció en tanto materialidades, contextos y organización. Este se llevó a cabo en la Casa Museo de la Memoria de la capital antioqueña, con participantes de Medellín y de Puerto Berrío escogidos con una curaduría previa, el

---

3 Los talleres contaron siempre con la presencia de una psicóloga, que orientó las actividades a desarrollar.

IMAGEN 2
TALLER EN PUERTO BERRÍO

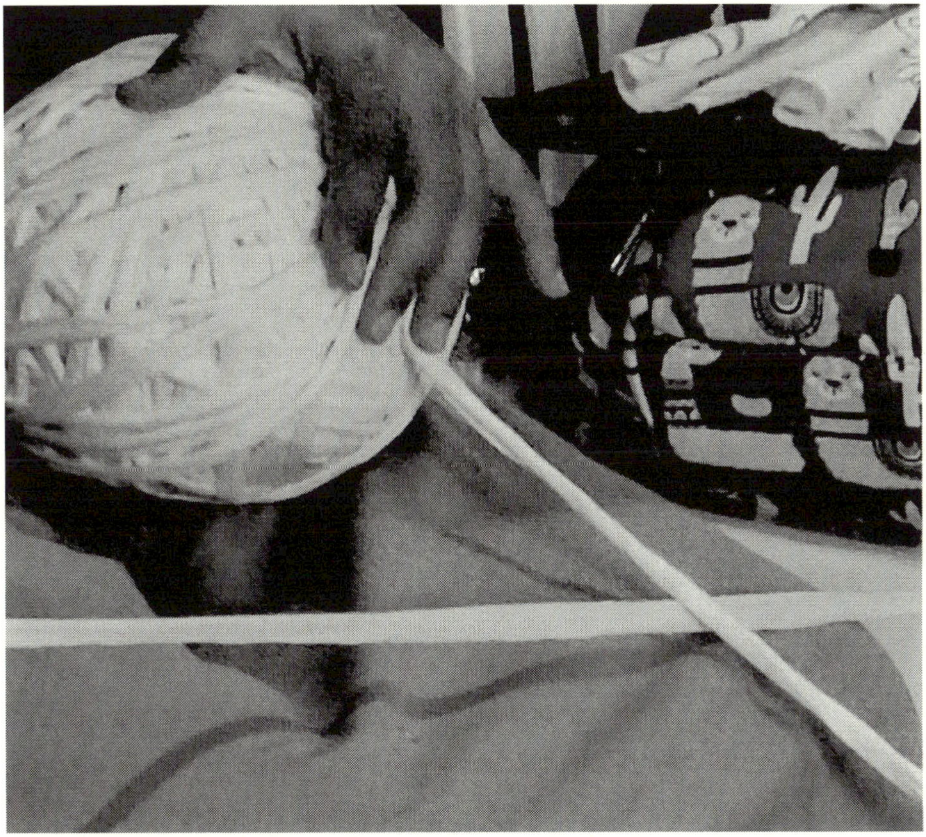

Fuente: foto equipo investigador.

taller de creación fue dirigido por la empresa Taller de Diseño TDD. En la primera fase se realizó la actividad "la historia de mis zapatos", y luego se entregaron tarjetas con fragmentos de la sentencia Bloque Metro y Cacique Nutibara para que se leyera en voz alta entre dos grupos formados. Estos discutieron sobre las sentencias y determinaron la forma en la que iban a trabajar juntos en los paneles a partir de los materiales disponibles. Una diferencia importante es que, para inspirar el proceso creativo, se dispuso una galería de paneles con los ejercicios de emancipación elaborados entre obras y segmentos de la sentencia, es decir, las fases 3 y 4 se realizaron de forma paralela. Finalmente ensamblaron la obra y la expusieron. Como cierre se realizó la actividad "sintiendo tu pulso".

IMAGEN 3
TALLER DE PINTURA DEL MURAL EN PUERTO BERRÍO

Fuente: foto equipo investigador.

3. CATEGORÍAS DE INVESTIGACIÓN: NATURALEZA Y PLURALIDAD ENTRE LAS FUENTES

Las categorías de análisis emergen de manera particular en cada una de las fuentes, adoptando tintes propios, pues involucra diversos agentes y factores que, en conjunto, matizan la construcción del concepto e implicaciones de la DF. Si bien, en la fase de la propuesta metodológica se consideraban categorías tentativas de estudio a partir de las cuales se procesarían los datos,

IMAGEN 4
TALLER DE PINTURA DEL MURAL EN PUERTO BERRÍO

Fuente: foto equipo investigador.

estas adoptaron diferentes formas o emergieron otras nuevas, como es usual en análisis de naturaleza cualitativa.

A priori, se identificaron espacios comunes que permitieron cotejar el surgimiento de categorías en contextos de interés. Primero, la *noción del individuo*, si bien las sentencias se refieren a él como la víctima, protagonista del hecho victimario; en la escena funeraria se hace referencia al difunto con datos y artefactos plasmados principalmente en la losa sepulcral, espacio donde muchas veces se personifica al individuo fallecido. Acá existe una doble reconstrucción del sujeto desde miradas disciplinares distintas pero complementarias.

En un segundo ámbito, encontramos a los *familiares* que, mientras en las instancias judiciales se asocian con las víctimas indirectas, en el proceso de

IMAGEN 5
LA HISTORIA DE MIS ZAPATOS, TALLER EN MEDELLÍN

Fuente: foto equipo investigador.

duelo son los deudos y quienes se convierten en las agencias más activas en el proceso, pues son en quienes recaen los beneficios de la ley a la vez que son los que transitan la crisis por la pérdida de su ser querido.

La tercera instancia, es la *espacialidad*, la cual representa un elemento probatorio en la reconstrucción de los hechos: ¿dónde se cometió el hecho?, ¿dónde se depositaron los restos?, que, por otro lado, adopta la función de contener los restos del ser amado y tener un punto de encuentro con él mediante las prácticas de conmemoración y recordación. La *corporalidad* es sin duda tema central en este abordaje, puesto que hasta que no se encuentra el cuerpo (vivo o muerto), el delito tampoco cesa, y se convierte o representa el vehículo de aceptación de la pérdida (Fournet *et al.*, 2013; Martín y Atehortúa, 2015). En otras palabras:

> Cuando se habla de la muerte de los desaparecidos hay que pensar en los cuerpos que se han pretendido ocultar, *desmaterializar* mediante prácticas aberrantes,

IMAGEN 6
EL RECONOCIMIENTO, TALLER EN MEDELLÍN

Fuente: foto equipo investigador.

> que constituyen hoy un vasto campo de encuentro de la genética, la antropología forense y, desde luego, el análisis de los contextos históricos-políticos. (Centro de Memoria Histórica, 2016, p. 20)

Así mismo, la *estética* es una categoría que atraviesa la DF, pues las formas de conmemoración y recordación, las manifestaciones públicas y privadas

IMAGEN 7
CREACIÓN CON MATERIALIDAD, TALLER EN MEDELLÍN

Fuente: foto equipo investigador.

y las expresiones sociales al materializarse la conforman. Finalmente, la *sociedad* también desempeña un rol esencial, pues es la figura del conglomerado social, a la vez que son el mismo grupo que como colectivo celebra y estigmatiza la muerte.

Durante el proceso de captura y análisis del proyecto se desveló la transformación de algunas de las categorías propuestas, por ejemplo, la *noción de individuo* adoptó dentro de las fuentes documentales de las sentencias la figura de ciudadano, un agente social en alusión a derechos que para el caso, son vulnerados; mientras que en el caso de la losas funerarias se resaltan aspectos que forjan la personificación del ser ausente ya sea mediante la caracterización de su rol social y vínculo familiar, incluso, en casos cuando se realiza la adopción de los NN. Por otro lado, durante las entrevistas, las formas adoptadas mayoritariamente apuntan a la mención de *desaparecido*, concepto atravesado por sentimientos muy profundos de dolor en el caso de organización civiles y dolientes, y aunque en menor intensidad se mantiene transversal en los casos de organismos técnicos de búsqueda. Aquí,

IMAGEN 8
EXPOSICIÓN DEL PRODUCTO, TALLER EN MEDELLÍN

Fuente: foto equipo investigador.

los *familiares* se convierten en fuentes de información y actores en la construcción de las personificaciones. Así, se puede afirmar que

> La figura del desaparecido no solo es debatida a un nivel jurídico, también desafía las representaciones locales. Tanto los familiares de desaparecidos como las habitantes de los pueblos donde se encuentran lugares de entierro clandestino analizan, interpretan y actúan frente a la ruptura de sentido que implica la desaparición de personas y la convivencia con lugares conquistados por una muerte no domesticada. (Delacroix, 2020, p. 62)

La dimensión de *espacialidad* recurre a otros símiles, mientras que dentro del lenguaje judicial precisa ubicaciones donde acontecieron actos en las reconstrucciones probatorias de los hechos, los cementerios son en sí mismos escenarios —que aunque circunscritos albergan dentro de sí un microuniverso de manifestaciones con datos identitarios y pragmáticos—; además de poner en escena aspectos relacionados con lo onírico y trascendental.

IMAGEN 9
C 13, TALLER EN MEDELLÍN

Fuente: foto equipo investigador.

Incluso, para los entrevistados, esta dimensión es una superposición de sitios dentro de su propio mapa mental, por lo cual es común hablar de paisajes o referentes geográficos para anclar allí acontecimientos o memorias. De estilo similar, el *lenguaje* versa desde hechos fácticos en los textos judiciales hasta evocaciones que hilan historias pasadas como una suerte de tejido de la memoria. Tanto en las lápidas como en los relatos de las entrevistados, el

IMAGEN 10

SINTIENDO EL PULSO, TALLER EN MEDELLÍN

Fuente: foto equipo investigador.

hecho tiene acepciones distintas: las unas y las otras siempre en búsqueda de la presunción de verdades; tanto así, que en los unos se detallan fechas con sus respectivas horas, mientras los otros, son referentes a hitos o eventos que señalan pausas/vacíos en la cronología de sus biografías; para unos la precisión es fundamental, mientras que para los otros, la temporalidad es importante en la medida que relata una experiencia de vida, por lo cual es maleable y metafórica.

El arte, no obstante, tiene otra forma de recordar dado que sus fines son distintos a los de una memoria tipo-archivo. El arte transforma activamente los hechos en pasado, produce la experiencia misma de su paso y, en consecuencia, interrumpe su inmutabilidad. Así, por medio del arte y aún dentro de sus límites, el pasado aparece inasible y mutable, aparece como lo que el presente nunca podrá almacenar y guardar para sí mismo. Sin embargo, y precisamente por eso, el pasado —en su

> forma inasible— otorga nuevas posibilidades de comprensión. Por tanto, el arte ni resuelve ni deja atrás lo sucedido; no obstante, despeja un camino diferente para el recuerdo al volver a visitar el pasado, al acompañar su pérdida y al llorarlo. Así, debido a los procedimientos frágiles del arte, este camino tiene su propia forma de "ejercer la justicia", otra forma de justicia. (Acosta, 2014, p. 73) (Traducción propia)

La dimensión *estética* en la acepción amplia del término adoptó variadas expresiones, pues, por un lado, se incluyeron obras artísticas que ilustran aspectos de la DF con alusión a la corporalidad como en el caso de *Quæ Inventa anatómica* de Leonel Castañeda (2017) o del reclutamiento de niños en el caso *No más* de Ana Patricia Palacios (2010) o de sufrimiento de madres en *Relicarios* de Erika Diettes (2011-2015), entre otros tantos, que, además, se suman a polifónicas expresiones artísticas como obras murales en la Comuna 13 de Medellín, hechas por talentosos jóvenes artistas o colectivos sociales que plasman obras en las calles de sus barrios, canciones inéditas que denotan el sufrimiento de una madre en búsqueda de su hijo, tejidos hechos por grupos sociales al igual que mándalas, parecen ser recurrentes en los encuentros organizados por los dolientes[4]. Junto a esto, los cementerios se convierten en museos a cielo abierto, donde se encuentran monumentos de conmemoración para la entrega de restos a familiares de desaparecidos en el Jardín Cementerio Universal: *Ausencias que se nombran*, o prácticas culturales de la adopción de lápidas como *escogidos* en el cementerio de Puerto Berrio —fenómeno que se ha popularizado a partir del sinnúmero de cuerpos que han flotado por el río Magdalena en los últimos años y que ha llevado a que los residentes opten por adoptarlos con el fin de darles santa sepultura— (Diettes, 2010; Nieto 2012). Esta categoría pareciera ser la más prolífica en la cantidad de manifestaciones y riqueza de registros, donde se sugiere que el arte es una forma permanente de catarsis, de modo que las posibilidades del arte como un vehículo que ayuda a la construcción de una memoria polifónica se han venido manifestando como un camino deseable para contar y transformar la violencia (Satizábal, 2017).

> Cuando se piensa en la muerte de los desaparecidos tenemos que pensar también en los cuerpos que día tras día "bajaron" arrastrados por las corrientes de los ríos de Colombia (el Cauca, el Magdalena, el Sinú, el Atrato, el Caquetá, el Guamuez,

---

4 Las obras artísticas y prácticas culturales recopiladas en el proyecto son presentadas en el catálogo. https://drive.google.com/drive/u/0/folders/1ggxpxj1nws4ubugqcngdy4m3ts1en9qv

> el Táchira, el Catatumbo), frente a la mirada de los pescadores y habitantes de los puertos y las márgenes de los ríos, a quienes se les prohibía recuperarlos para entregarlos a sus familiares o darles sepultura. Cuando pensamos en esto empezamos a comprender la dimensión de la naturalización del crimen de la desaparición forzada. (Centro de Memoria Histórica, 2016, p. 21)

En balance, cada fuente adopta formas particulares e ilustra tramas articuladas del fenómeno de la DF. Las sentencias alimentan el contexto de la verdad probatoria y, a pesar de su discurso legalista, esto no es del todo ajeno a las realidades más humanas. Las lápidas se convierten en lienzos del último ¡adiós! a la vez que un portal de comunicación con sus seres amados: se personifica el ser ausente a la vez que se resignifica su pérdida en la vida de los deudos. Y por el lado de los colaboradores es posible percibir un contexto de *communitas*, como bien lo definía el antropólogo Víctor Turner (1969), poder vislumbrar las normas e imaginarios del colectivo que comparte dichas experiencias a pesar de la variedad de perspectivas y prácticas, pero que posibilita compartir un sentido común sobre las implicaciones y sufrimientos de la DF que los conecta como miembros de una misma realidad. Tanto es así que las expresiones artísticas y culturales reflejan la visión colectiva, las verdades no dichas, los procesos en tránsito, las solicitudes y súplicas de los familiares, una marisma de sucesos y sentimientos que el arte puede comunicar. La discusión sobre los hallazgos se detalla en los capítulos venideros. La exposición de sentencias en el capítulo 2, las reflexiones sobre las dinámicas en la cultura funeraria en el capítulo 3 y las expresiones de los productos y prácticas culturales a partir de la emancipación estética en el capítulo 4.

Este proyecto se sustenta de la generosidad y coraje de las personas que se sumaron a construir un registro plural de la DF en la zona antioqueña, gracias a su aporte y confianza fue posible crear una narrativa con más color y matiz. Hoy sabemos que la sensación familiar que nos produce la remembranza no es un proceso personal ni reproductivo (Dudai y Edelson, 2016), sino colectivo y reconstructivo.

REFERENCIAS

Acosta, M. R. (2014). Memory and Fragility: Art's Resistence to Oblivion (Three Colombian Cases). *The New Centennial Review*, *14*(5), 71-98.

Arias, A. C. y Arias, J. D. (2019, enero-diciembre). Propuesta metodológica para la investigación de víctimas de desaparición forzada en Colombia. Memorias Forenses n.° 2, 45-58.

Centro Nacional de Memoria Histórica (CNMH). (2016). *Hasta encontrarlos. El drama de la desaparición forzada en Colombia*. CNMH.

Cifuentes, E. y Avendaño, J. A. (2020). Desaparición forzada en Colombia: las territorialidades construidas en el departamento de Antioquia entre la materialidad y los significados. *Revista Geográfica*, *161*, 43-81.

Delacroix, D. (2020). La presencia de la ausencia. Hacia una antropología de la vida póstuma de los desaparecidos en el Perú. ÍCONOS Revista de Ciencias Sociales, *XXIV*(67), 61-74.

Diettes, E. (2010). *Noticia al aire... Memoria en vivo. Etnografía de la comunicación mediática de una muerte violenta y su influencia en la experiencia del duelo*. Ediciones Uniandes.

Dudai, Y. y Edelson, M. G. (2016). Personal memory: Is it personal, is it memory? *Memory Studies*, *9*(3), 275-283. DOI: https://doi.org/10.1177/1750698016645234

Fourner, C., Garibian, S., Shute, J., Taccoen, M., Dreyfus, J. M., van Pelt, R., Eltringham, N., Guillou, A. I. y Anstett, E. (2013). *Cadáveres impensables, cadáveres impensados. El tratamiento de los cuerpos en las violencias de masa y los genocidios*. Centro Interdisciplinario para el estudio de Políticas Públicas (Ciepp).

Humphrey, M. (2018). The political lives of the 'disappeared' in the transition from conflict to peace in Colombia. *Politics, Religion and Ideology*, *19*(4), 452-470. DOI: https://doi.org/10.1080/21567689.2018.1538671

Martín, G. y Atehortúa, K. (2015). *Muertos cercanos. ¿Cuál es la persona más cercana que le fue asesinada?* La Carreta Editores y Universo Centro.

Nieto, P. (2012). *Los escogidos*. Editorial Universidad de Antioquia.

Rettberg, A. (2020). Peace-making amidst an unfinished social contract: The case of Colombia. *Journal of Intervention and Statebuilding*, *14*(1), 84-100. DOI: https://doi.org/10.1080/17502977.2019.1619655

Robledo, B. (2020, enero-junio). Necrogeografía de la guerra entre los panteones y las fosas de Sinaloa. *Historia y Grafía*, *28*(56), 171-194. Universidad Iberoamericana.

Satizábal, C. E. (2017). *Entre la ficción engañosa y la poesía*. Universidad del Norte.

Sierra-Camargo, J. (2014, enero-junio). ¿Qué son las estéticas legales? Una aproximación a la noción de "arte y derecho". *Revista Derecho del Estado*, *32*, 57-76.

Turner, V. (2009). Liminality and communities. *The Ritual Process: Structure and Anti-Structure*. Aldine Publishing.

Wilson, K. (2013). Reenchanting memorial landscapes: Lessons from the Roadside. *Landscape Journal*, *32*(1), 35-50.

CAPÍTULO SEGUNDO
SENTENCIAS OBJETO DE ESTUDIO CONTRA EL BLOQUE METRO Y EL BLOQUE CACIQUE NUTIBARA

LILIANA PATRICIA MENDOZA ORTIZ*
GLADYS AMANDA PORRAS RINCÓN**

SUMARIO

INTRODUCCIÓN

En Colombia, diversos eventos históricos, sociales y políticos han desencadenado la conformación de grupos armados al margen de la ley; el descontento e inconformismo por las políticas públicas implementadas han polarizado los intereses de la población y del territorio, principalmente, frente a la distribución de la tierra, distribución de los recursos y repartición del poder en la administración del Estado.

Es preciso ahondar en el inconformismo hacia el Estado que da surgimiento a las guerrillas, ya que la aplicación de políticas conservadoras, expansión del capitalismo, desarrollo urbano, concentración de la tierra, y otras, generaron el descontento de los campesinos que conformaron las primeras guerrillas y con el paso del tiempo generaron actos delincuenciales extorsiones, secuestros, etc., principalmente contra la población de estratos medios y altos (CNMH, 2015).

Paradójicamente, el surgimiento de las autodefensas fue impulsado por el mismo Estado quien apoyó legislativamente (Decreto Ley 356 de 1994) la

* Doctoranda en Historia de la Universidad Federal de Ouro Preto Brasil, magíster en Derechos Humanos y Democratización de la Universidad Externado de Colombia, abogada de la Universidad Pontificia Bolivariana de Bucaramanga. Contacto: lilianamendozaortiz@hotmail.com.

** Administradora Pública, con maestría en gestión pública y gobierno de la Universidad de Santander, se ha desempeñado en el sector público y privado brindando, en la organización administrativa, formulación e implementación de políticas públicas y planeación territorial. Contacto: amandaporrasri@gmail.com conformación de asociaciones en defensa de la propiedad privada, los cuales ampliaron sus actividades económicas, incursionando en actividades ilícitas y control de territorios. Este poder alcanzado con violencia, masacres, desapariciones, en la aplicación de la política de exterminio de guerrillas; hizo que el Estado perdiese el control, conformándose grupos paraestatales en regiones específicas de Colombia, caracterizadas por riquezas naturales y corredores estratégicos para control y manejo de mercancías ilícitas.

Particularmente, las Autodefensas Unidas de Colombia (AUC) y los grupos armados post desmovilización (GAPD) entre 1975 y 2015 fueron responsables del 47.09 % de las muertes ocurridas durante el conflicto (21 044 víctimas). Un total de 2518 de esos asesinatos fueron perpetrados por los GAPD entre 2006 y 2015. Además de otros crímenes como desapariciones forzadas, desplazamientos forzados, secuestros, torturas y violencia de género. Como parte de la obligación del Estado para garantizar la paz[1], se han realizado diversos procesos con grupos armados, entre los que se destacan el llevado a cabo con las AUC que derivó en la creación de una justicia transicional conocida como la Ley 975 de 2005 o Ley de Justicia y Paz.

El análisis de contenido que se desarrolla en este capítulo está centrado en la sentencia proferida el 24 de septiembre de 2015 por el Tribunal Superior del Distrito Judicial en su Sala de Conocimiento de Justicia y Paz en contra de siete postulados miembros del Bloque Cacique Nutibara (a partir de ahora se le nombrará como sentencia Bloque Cacique Nutibara o BCN) y la sentencia del 12 de febrero de 2020 contra nueve postulados pertenecientes al Bloque Metro de las AUC del mismo tribunal (a partir de ahora se le nombrará como sentencia Bloque Metro o BM).

---

1 En el preámbulo de la constitución se establece a la paz como un valor fundante en tanto se promulga esta con el objetivo de fortalecer la unidad de la nación y asegurar a sus integrantes la vida, la convivencia, el trabajo, la justicia, la igualdad, el conocimiento, la libertad y la paz, dentro de un marco jurídico, democrático y participativo que garantice un orden político, económico y social justo, y comprometido a impulsar la integración de la comunidad latinoamericana. De igual manera, el artículo 22 de la Carta Magna establece que la paz es un derecho y un deber de obligatorio cumplimiento. En este mismo sentido, en la jurisprudencia de la Corte Constitucional se destaca la Sentencia T-439/92, en el cual se ratifica que: la convivencia pacífica es un fin básico del Estado y el móvil último de la actividad militar de las fuerzas del orden constitucional. La paz es, además, presupuesto del proceso democrático, libre y abierto, y condición necesaria para el goce efectivo de los derechos fundamentales. El lugar central que ocupa en el ordenamiento constitucional llevó a su consagración como derecho y deber de obligatorio cumplimiento. El mínimo de paz constituye así un derecho fundamental, ya que de su garantía depende la efectividad de los demás derechos civiles y políticos de la persona.

El objetivo central de este capítulo es mostrar los aspectos contextuales, macrocriminales y reparatorios principales de ambas decisiones judiciales del Tribunal Superior del Distrito en su Sala de Conocimiento de Justicia y Paz, para esto, este trabajo cuenta con cuatro partes. En un primer lugar, este texto describe algunos conceptos básicos alrededor del procedimiento judicial que da origen a las sentencias y el valor de las mismas como fuentes de estudios. En un segundo apartado, delimitar el interés particular en dos sentencias del tribunal superior de Medellín en su sala de Justicia y Paz, y, finalmente, dos apartados destinados a delinear los aspectos fundamentales de los contenidos de cada una de las sentencias objeto de estudio, con un foco principal en el delito de desaparición forzada.

I. LA SENTENCIA COMO OBJETO DE ANÁLISIS

Colombia es un país donde confluyen con el conflicto armado varias formas de justicia que buscan dar respuesta a la violación masiva y sistemática de derechos humanos (DD. HH.). A su vez, y con el fin de buscar escenarios de paz, se han realizado varios procesos de negociación que se alojan en la memoria colectiva como parte de la historia nacional desde finales del siglo XX, y cuyo fin es facilitar el tránsito de los escenarios de la guerra a los de la paz. El país tiene una enorme cantidad de víctimas y una variedad de legislaciones, que han buscado la transición hacia una sociedad más pacífica, es así como existen multiplicidad de sentencias judiciales nacionales e internacionales que se refieren a los crímenes y ordenan medidas de reparación coherentes con la naturaleza de los daños.

Por ejemplo, el Consejo de Estado en su Sección Tercera ha proferido 643 sentencias sobre violación a los derechos humanos[2], el Sistema Interamericano de Protección a los DD. HH. ha expedido 38 sentencias contra Colombia[3], el Tribunal Superior del Distrito Judicial en su Sala de Justicia y Paz ha emitido 66 sentencias judiciales[4].

---

2 Véase Consejo de Estado, buscador de jurisprudencia. http://www.consejodeestado.gov.co/busquedas/buscador-jurisprudencia/

3 Véase CIDH. https://www.corteidh.or.cr/cf/jurisprudencia2/index.cfm?lang=es

4 Véase Rama Judicial. https://www.ramajudicial.gov.co/portal/inicio/mapa/salas-de-justicia--y-paz

Las justicias alternativas que se encuentran vigentes en el país se han abierto como ventanas para facilitar el tránsito del conflicto hacia la paz, es decir, la transición como un momento específico y delimitado de una sociedad. Los procesos judiciales como el de Justicia y Paz se condensan en sentencias, en las que los jueces y tribunales realizan una labor de valoración probatoria por medio de la sana crítica, y es, finalmente, en la providencia judicial en las que los procesados encuentran una ruta clara para saldar su deuda con la sociedad.

Las sentencias judiciales son una herramienta útil para la comprensión del proceso judicial y de la dinámica social que este mismo describe, permite la construcción de una verdad judicial abierta que debe ser conocida en el ámbito público y posibilita la comprensión del conflicto en sus diferentes dinámicas territoriales.

2. SENTENCIA CONTRA EL BLOQUE METRO

El Tribunal Superior del Distrito Judicial de Medellín en su Sala de Justicia y Paz profirió sentencia el 12 de febrero de 2020 contra nueve postulados pertenecientes al Bloque Metro de las AUC, específicamente los señores: Javier Alonso Quintero Agudelo, Diego Armando Villada Villa, Luis Carlos Cardona Gallego, Carlos Mario Lotero Espinosa, Juan David Sierra Ocampo, Edison Payares Berrío, Néstor Abad Giraldo Arias, John Darío Giraldo, Carlos Alberto Osorio Londoño (Tribunal Superior Del Distrito Judicial de Medellín, Sala de Justicia Paz, Sentencia del 12 de febrero de 2020, Bloque Metro de las AUC, pp. 20-25).

Esta providencia que consta de 2273 páginas narra los detalles sobre su estructura criminal; su operatividad se dio geográficamente en el Oriente y Nordeste antioqueño y Medellín, entendiéndose como una zona estratégica por su topografía, ordenamiento territorial, organización política y antecedentes de orden público, siendo un lugar con fuerte presencia de la guerrilla, principalmente los Frentes José María Córdova de las FARC, Frente 9, Frente 47, Frente 36 y Frente Carlos Alirio Buitrago del ELN, ubicándose en estos municipios y zonas rurales, por las facilidades en movilidad, conexión con centros poblados y principalmente por las excelentes condiciones naturales para el montaje de campamentos.

El periodo de operación de esta organización, según los hechos de la sentencia figuran desde 1996 hasta 2003, mostrando como lugar de origen la

Finca Guacharacas, ubicada en la jurisdicción de los municipios antioqueños de Yolombó y San Roque[5]; donde por el robo de ganado, quema de la finca y asesinato del Sr. Álvaro Uribe Sierra, por parte de grupos guerrilleros, se convierten en un hito fundamental en las motivaciones antisubversivas que tienen las autodefensas. El nacimiento del Bloque Metro se originó en 1997 en San José del Nus y sus alrededores, con base militar en el corregimiento de Cristales, su primer comandante fue conocido como alias Filo o Filósofo. El surgimiento inició por la gestión del señor Luis Alberto Villegas, quien representaba a los empresarios, ganaderos, comerciantes, mineros y agricultores de la región, con la creación de una empresa de seguridad privada en defensa del patrimonio y la propiedad privada.

IMAGEN 11

PUENTE DE PUERTO BERRIO SOBRE EL RÍO MAGDALENA

Fuente: foto equipo investigador.

---

5 Véase Testimonio de John Fredy González Isaza "Rosco, Político o Juan David", Sentencia Bloque Metro, p. 27.

Para ese momento, el gobernador de Antioquia (1995-1997) otorgó personería jurídica a la Asociación de Seguridad Privada El Condor, una de las 67 CONVIVIR[6] creadas en el país; a la par, el grupo naciente Autodefensas Campesinas de Córdoba y Urabá (ACCU), liderado por Carlos Castaño, designó a Carlos Mario García alias "Doble Cero", para recuperar el nordeste y oriente antioqueño.

Como primera masacre se narra la del municipio de San Roque en 1996, corregimiento de Providencia, donde se expulsó la guerrilla en los corregimientos de San José del Nus, Corregimiento Cristales, y se formaron las escuelas de entrenamiento Percherón y Corazón. La sentencia narra operaciones militares con masacres masivas en diferentes municipios como San Carlos, San Rafael, Marinilla, Rionegro, La Ceja, Guarne, Caracolí, Granada, Cocorná, Yolombó, Remedios, Barbosa, Segovia, Yalí, Amalfi, Angostura, y San Vicente[7]. El principal motivo de desaparición de la estructura militar del Bloque Metro tiene que ver con las diferencias presentadas con el Bloque Cacique Nutibara en cuanto a formas de financiación y control de las zonas de mando. Al respecto, la sentencia menciona lo siguiente:

> Todo lo hasta aquí referido, da cuenta de una lucha por obtener dominio territorial; no obstante, la guerra entre estos combatientes tuvo otros factores adicionales, quizás el que cobró más relevancia fue "la narcotización del movimiento de autodefensas", fuente de financiamiento utilizada por la mayoría de las células paramilitares; pero éste era un método que García Fernández, de manera constante reprochaba, y en aquellos grupos que lideraba estaba prohibido a toda costa, la siembra, producción, consumo y comercialización de estupefacientes, no obstante también fue una conducta presente en la organización delincuencial, como se desprende de los cargos, pues como se explicó en precedencia las bandas dedicadas al microtráfico fueron cooptadas por la agrupación, empero ya ejecutaban esta acción criminal desde antaño, sin embargo, el máximo comandante firmemente consideraba que el despliegue de esa conducta delictual, conllevaba a "la pérdida de ideales y deslegitimaba la lucha antisubversiva"; aunque dichas ambiciones, desde el inicio fueron erradas, pues atendiendo las políticas establecidas por la organización, se cometieron multiplicidad de abusos y delitos en contra de la población civil.

---

6 Véase Decreto 356 de 1994, Resolución de la Superintendencia de Vigilancia y Seguridad 42378 de noviembre de 1996.

7 Tomado de la matriz de investigación cartografía de las sentencias "Proyecto Memorias de Ausencia, desde las Sentencias Judiciales" para más información ver el capítulo 1 de metodología.

> El narcotráfico, sin embargo, fue quizás la fórmula más utilizada por Diego Fernando Murillo Bejarano, no solo en lo atinente a su enajenación, también su plantación, como ejemplo, el Bloque 'Héroes de Tolová' con injerencia en el departamento cordobés, tuvo entre sus mayores propósitos "custodiar, vigilar cultivos y laboratorios para el procesamiento de narcóticos y cristalizaderos"; para ello, 'Don Berna', se valió de todos los medios, precisamente "se construyó una carretera que, comunica el municipio de Valencia-Córdoba y el corregimiento de Nueva Antioquia, calzada que atraviesa la Serranía de Abibe, y cuya pretensión era facilitar la salida de estupefacientes hacía el mar en el Golfo de Urabá a través del municipio de Turbo-Antioquia" (sentencia Bloque 'Héroes de Tolová', julio 7 de 2016, página 33); se trató entonces no solo de un método de financiación, a la par ello fue el motivo de disputa con otros actores armados que apetecía tener el control y, como se indicó con Carlos Mauricio García Fernández, por no encajar dentro de sus ideales. (Tribunal Superior del Distrito Judicial de Medellín, Sala de Justicia Paz, Sentencia del 12 de febrero de 2020, Bloque Metro de las AUC, pp. 165-166)

Finalmente, la Ley 975 de 2005 facilitó el juzgamiento y condena de nueve postulados excombatientes que delinquían dentro del Bloque Metro de las AUC, quienes cumplieron el proceso de abandono de armas, realizaron el trámite de postulación, dejación de elementos bélicos, diligencia de reparto y gestiones e imputaciones ante el magistrado de control de garantías, donde se formularon, aceptaron y se legalizaron los cargos de acuerdo con las confesiones realizadas, como un deber del acogimiento voluntario a la ley transicional; es decir, contribuir con la verdad, revelando las circunstancias de tiempo, modo y lugar de los hechos delictivos de los cuales participaron, confesando las conductas punibles y contribuyendo con el esclarecimiento del contexto criminal del bloque del que formaron parte, ajustado a las bases fundantes del sistema de justicia transicional, "Reconstrucción de la verdad como supuesto de satisfacción de los derechos de las víctimas y de la sociedad en su conjunto (memoria Colectiva)" (Auto 48.749 del 5 de octubre de 2016).

2.1. PATRONES DE CRIMINALIDAD DENTRO DE LA SENTENCIA CONTRA EL BLOQUE METRO

El homicidio fue la conducta mayormente perpetrada por el Bloque Metro, principalmente contra personas señaladas de pertenecer o colaborar con agrupaciones subversivas, según el Sistema Integral de Justicia y Paz (SIJYP) se produjeron 20 542 casos de homicidios. En versión libre los postulados admitieron su actuación en 212 hechos delictivos que generaron como resultado 392 víctimas de homicidio, siendo el 93.62% de género masculino, de las cuales 218 se relacionaban con la lucha antisubversiva y 174 con control territorial (Tribunal Superior Del Distrito Judicial, Sala de Justicia Paz, Sentencia del 12 de febrero de 2020, Bloque Metro de las AUC, pp. 20-25).

En referencia con el patrón de macrocriminalidad de DF, las tasas más altas ocurrieron en 1998, 2002 y 2003. Según el informe del 5 de junio de 2014, presentado por la Fiscalía, al Bloque Metro se le atribuyen 1948 hechos de DF, de los cuales el 60% se explicó como relacionados con la subversión y 40% por control territorial (p. 972), el principal *modus operandi* fue el desmembramiento de cuerpos y la inhumación de estos en fosas comunes[8] o arrojar los cadáveres a cuerpos acuosos cuyo principal afluente era el río Magdalena. Al respecto:

> [...] los miembros del Bloque Metro de las ACCU, acostumbraron inhumar a las víctimas en fosas cavadas por los mismos forajidos para tal fin; algunas de ellas, incluso, dentro de los mismos predios de los violentados (Tribunal Superior del Distrito Judicial de Medellín, Sala de Justicia Paz, Sentencia del 12 de febrero de 2020, Bloque Metro de las AUC, p. 972).
>
> [...]
>
> El ente indagador dio a conocer que otra de las formas utilizadas por Carlos Mauricio García Fernández "Rodrigo Doble Cero" para desaparecer personas era incinerar los cadáveres. Para ilustrar ese modo de operar, se expuso el caso de la desaparición forzada de Olga Clemencia Castaño Piedrahita, Néstor Raúl Casas Roldan, Adrián Antonio Acevedo Gaviria, Humberto de Jesús Zapata Carmona, Jaime Humberto Zapata Álzate, en un hecho ocurrido el día 14 de enero del 2003, en el sector La Sombrilla, corregimiento Cristales de San Roque - Antioquia (p. 975).
>
> [...]
>
> Las desapariciones forzadas, tuvieron entre otras, ciertas características que permitieron identificar esta práctica sistemática como un patrón de macrocriminalidad y victimización del Bloque 'Metro', tratándose entonces de: "se produjo con mayor frecuencia en zonas rurales, el mayor número de víctimas fueron hombres,

---

8 Para lo cual entrenaban a los miembros de la organización criminal en la escuela corazón de San Roque, Antioquia.

realmente no tuvo mucha importancia la edad de los afectados; los hechos criminales fueron llevados a cabo en su mayoría con arma de fuego corta, larga y armas blancas, siendo casi todo el total arrojado en ríos". Sin embargo, es claro que esta última aserción dista de la misma información allegada por el acusador oficial, que indican que la mayoría de las víctimas fueron en su mayoría inhumadas (p. 994).

Señaló igual el excombatiente que: "[...] se ilustró a un grupo sobre 'el procedimiento para mutilar', se decía que de esta forma era mucho 'más fácil desaparecer una persona', entonces el comandante agarró un cuchillo de la cocina donde se preparaban los alimentos, le abrieron el estómago porque de esa manera el cuerpo no se sopla y no revienta y después lo mutilaron por sus extremidades y lo tiraron al hueco [...]. (p. 159)

Los hechos de desaparición forzada, en muchos casos, confluyen con otras conductas penales como la privación ilegal de la libertad, el despojo de tierras, hurto y tortura; hasta 2016 en el departamento de Antioquia se habían exhumado 44 cadáveres, de los cuales 27 fueron identificados plenamente por sus familiares[9].

En cuanto al patrón de desplazamiento forzado, se evidenció que se dio por la práctica sistémica y el modo de operar, pues al realizar incursiones armadas en las zonas rurales y vestidos con uniformes, realizaban prácticas de terror y amenazas para desplazar a las comunidades y despojarlas de sus tierras. La población desplazada mayormente fue la rural, con 293 víctimas y 4 correspondiente a la zona urbana, las principales motivaciones del desplazamiento forzado son el temor y la inseguridad. La Fiscalía refiere que este patrón de macrocriminalidad presenta 1548 hechos de desplazamientos forzados, confesados 10 cargos con 297 víctimas y que la razón principal para perpetrar este delito fue el vínculo con la subversión y control territorial.

En cuanto al reclutamiento ilícito, según la Fiscalía ocurrieron seis casos de reclutamiento ilícito, de los cuales una víctima fue mujer y cinco hombres, inicialmente fueron referenciados 25 casos, que por análisis de temporalidad

9 Mediante el Decreto 929 de 2007 el Gobierno colombiano creó el Mecanismo de Búsqueda Urgente (MBU), con el fin de obtener información de la ubicación de personas dadas por desaparecidas. las exhumaciones se realizaron en: Itagüí, Bello, Medellín, El Santuario, La Aurora, Montebello, El Gavilán, Granada, Minitas, La Ceja, La Playa, La Ceja, San José, Montebello, El Aguacate, San Carlos, La Miranda, El Santuario, Palmarcito, Sonsón, Concepción, Remanso, El Santuario, Bodegas, San Carlos, El Jordán, San Carlos, Cocalito, Cocorná, Los Mangos, San Rafael, Granada, San Esteban, Barbosa, Estación Papalito.

IMAGEN 12
PAISAJE DE LA CARRETERA ENTRE SAN JOSÉ DEL NUS Y PUERTO BERRÍO

Fuente: foto equipo investigador.

y georreferenciación se filtraron a seis casos, ocurridos entre 1998 a 2000, también se pudo encontrar que dentro de la estructura militar del Bloque Metro no fueron reclutados niños, niñas ni adolescentes (Tribunal Superior del Distrito Judicial de Medellín, Sala de Justicia Paz, Sentencia del 12 de febrero de 2020, Bloque Metro de las AUC, p. 1069).

Con respecto a los temas de tortura, tratos inhumanos y degradantes, la Fiscalía presenta quince hechos, de un total de veintiún víctimas, de las cuales casos Avive ocurrieron por aplicación de la política de lucha antisubversiva y siete casos de lucha de control social, además, se pudo evidenciar violencia sexual agravada y desaparición forzada, por ejemplo, el caso de las hermanas B. H., en el que se presentaron torturas, castigos, intimidación y terror, así mismo este caso es el único confesado por el Bloque Metro como parte del patrón de violencia basada en género[10].

10 Las hermanas L.M.B.H625 Y A.M.B.H.626, la primera de ellas menor de edad, siendo eso de 7:30 de la noche del día 25 de febrero de 2003, cuando se encontraban en el parque principal del

IMAGEN 13
PUERTA DE MADERA DE LA REGIÓN DE ACCIÓN DEL BLOQUE METRO

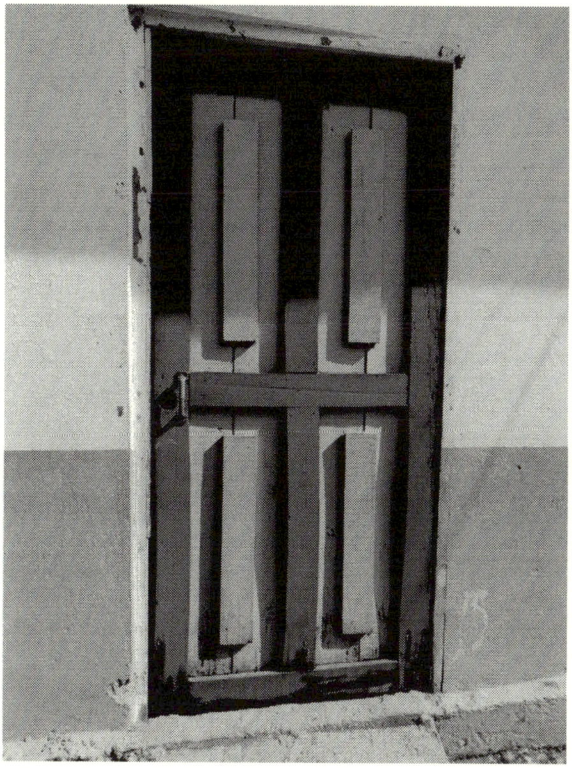

Fuente: foto equipo investigador.

---

municipio de Granada, Antioquia, las retuvieron dos miembros del Bloque Metro de las ACCU, distinguidos con los remoquetes de Canelo y Pocillo, porque les parecieron "sospechosas". Por disposición de Fortunato de Jesús Duque Gómez, alias René, fueron trasladadas a pie hasta la casa de habitación de los miembros de ese GAOML, donde se encontraba el mencionado comandante y los paramilitares Macho Viejo y El Diablo. Allí, las jóvenes fueron interrogadas por René y Pocillo, en tanto los otros forajidos ingresaron a sus habitaciones a ver televisión.
Al rato, llegó al inmueble un teniente del Ejército, quien luego de hablar con alias René aprehende a una de las niñas y la lleva al baño, mientras la otra se queda en la cocina con ese forajido, siendo ambas accedidas carnalmente; luego, los victimarios intercambian de víctima. La agresión sexual es tan aberrante que incluso les introducen un molinillo por los genitales. Cuando terminaron con el ataque, Duque Gómez le ordenó a Pocillo, Macho Viejo y El Diablo, que trasladaran a las jóvenes en motocicleta hasta el sector de la Bocatoma y allí las asesinaran y desaparecieran (p. 569).

IMAGEN 14
MURAL PARA LA PREVENCIÓN DEL RECLUTAMIENTO FORZADO EN LA RUTA DEL COLOR DEL BARRIO OASIS (PUERTO BERRÍO)

Fuente: foto equipo investigador.

No obstante, se presentan casos referenciados entre 1982 a 2006, como hechos de género reportados a nivel nacional, como los 191 casos de violencia sexual de los cuales 92 se le atribuyen a las Águilas Negras y 59 casos a las AUC.

2.2. MEDIDAS DE REPARACIÓN EN LA SENTENCIA CONTRA EL BLOQUE METRO

En sentencia del 12 de febrero de 2020 el Tribunal Superior del Distrito Judicial de Medellín, en su Sala de Justicia y Paz, en desarrollo de la política estatal de orden judicial y como resultado del juzgamiento de los postulados ordenó varias medidas de reparación en procura del proceso de "Reparación transformadora" (Ley 1448 de 2011, art. 3).

Así mismo, además de las tradicionales medidas económicas, como la indemnización[11], ordenó algunas medidas de satisfacción como el recono-

11 Que se tenga actualización de las sumas de dinero desde la ocurrencia del hecho dañoso, hasta que se haga efectivo el pago, lo que se hará conforme al incremento del IPC.

cimiento público de responsabilidad por parte de los postulados, así como la declaración pública de arrepentimiento y el compromiso de no incurrir nuevamente en conductas punibles, participación en actos simbólicos de resarcimiento y dignificación de las víctimas.

Del mismo modo, la sentencia menciona garantías de no repetición como exhortar al Estado colombiano a asumir una política para evitar la conformación y accionar de grupos armados al margen de la ley, que los postulados declaren de manera expresa su compromiso a no volver a cometer conducta alguna que sea violatoria y atentatoria de los derechos humanos, del derecho internacional humanitario y del ordenamiento penal colombiano.

Por otra parte, requirió al Estado para que, por medio del SENA, se dé acceso preferencial a las víctimas y puedan acceder a la oferta educativa para aprendices, con apoyo al sostenimiento, mientras participan en los cursos de acuerdo con las condiciones de alfabetización y necesidades de la región, actividades económicas y culturales que allí se desarrollan para que promuevan programas focalizados en capacitación de competencias laborales y que incentiven su capacidad de emprendimiento y productividad, dentro de los programas laborales de acuerdo con el perfil socioeconómico de los beneficiarios.

También incluyó un subsidio para la capacitación en educación con formación integral, tecnológica y profesional, donde el Ministerio de Educación Nacional, la Secretaría de Educación del departamento de Antioquia y la Secretaría de Educación de cada uno de los municipios mencionados en la sentencia, incluyan acceso preferencial a la oferta educativa y exoneren de todo tipo de costos académicos, en los establecimientos formativos oficiales, en los niveles de capacitación y educación especial para las personas con discapacidad cognitiva, preescolar, básica primaria, media técnica, tecnológica y profesional. Así como gestionar líneas especiales de crédito y subsidios ofrecidos por el ICETEX.

Finalmente, ordenó de forma prioritaria y preferente el cumplimiento de la sentencia a las entidades que están encargadas de la oferta institucional referente a los demás componentes de la reparación integral. Entre otras, medida de urgencia por daño a la salud, medida de urgencia para la atención en salud integral, tanto médica, física, psicológica y psiquiátrica, con exoneración económica, la cual debe incluir los gastos médicos, de hospitalización, medicamentos, entre otros, hasta obtener el restablecimiento de sus derechos por parte del Ministerio de Salud y Protección Social.

3. EL BLOQUE CACIQUE NUTIBARA

El Tribunal Superior del Distrito Judicial de Medellín, en su Sala de Justicia y Paz, profirió sentencia el 24 de septiembre de 2015 contra de siete exintegrantes del Bloque Cacique Nutibara de las AUC, específicamente los señores: Juan Fernando Chica Atehortúa, Edilberto de Jesús Cañas Chavarría, Néstor Eduardo Cardona Cardona, Edgar Alexander Erazo Guzmán, Mauro Alexander Mejía Ocampo, Juan Mauricio Ospina Bolívar y Wander Ley Viasus Torres (Tribunal Superior Del Distrito Judicial de Medellín, Sala de Justicia Paz, Sentencia del 24 de septiembre de 2015, Bloque Cacique Nutibara de las AUC, pp. 5-10).

Esta sentencia, que consta de 786 páginas, narra los detalles del actuar de estos integrantes, mientras pertenecían al Bloque Cacique Nutibara de las AUC, el cual nace en el 2001 como una de las estructuras de las Autodefensas Campesinas de Córdoba y Urabá, cuyos orígenes, a su vez, están relacionados con las Autodefensas Campesinas del Magdalena Medio, bajo el mando de Diego Murillo, conocido en el mundo del narcotráfico como "Don Berna".

> Pero, eso es apenas lo anecdótico porque la génesis del Bloque Cacique Nutibara es más compleja, pues nació y se alimentó de varias fuentes y en su origen están diversas expresiones asociadas a la violencia que vivió la ciudad de Medellín durante las dos últimas décadas del siglo XX.
>
> En este bloque desembocaron las Convivir, las bandas criminales y los combos de la ciudad y la Oficina de Envigado, todos protagonistas de la violencia que vivió la ciudad durante esa época. A él también se incorporarían los miembros de las milicias y del Bloque Metro durante la guerra que libraron con el Bloque Cacique Nutibara, una vez sometidos o derrotados. Dichos grupos se disputaban el control y dominio del territorio en Medellín, en especial en la Comuna 13 (Las Margaritas, Vallejuelos, Blanquizal, San Javier, Juan XXIII, La Quiebra, Las Independencias, El Salado, El 20 de Julio, Santa Mónica, Antonio Nariño, El Socorro y San Cristóbal), donde confluían todos los grupos. (p. 97)

Inicialmente, consolidó su dominio y control sobre Medellín, salvo la Comuna 13 que se resistió, y donde siguieron ejerciendo control los Comandos Armados del Pueblo (CAP). No obstante, hubo varias operaciones en la Comuna 13 de Medellín, siendo la Operación Orión la que permitió la entrada y el dominio total a las autodefensas. Al respecto:

IMAGEN 15
VISTA DE MEDELLÍN DESDE LA COMUNA 13

Fuente: foto equipo investigador.

> De hecho, como concuerdan todos los investigadores y testigos escuchados por la Sala, después de la operación Orión el Bloque Cacique Nutibara ingresó y se hizo hegemónico en la comuna 13. Al dominio del Bloque Cacique Nutibara le siguieron las expulsiones, los desplazamientos y las desapariciones forzadas a partir de fines de 2002 y durante todo el 2003. Éstas se hacían con listas previamente conformadas por los paramilitares de dicho bloque y de manera selectiva. (p. 117)

El contexto busca mostrar toda la complejidad del conflicto en la zona, allí la desaparición forzada es un elemento importante como patrón de criminalidad, pero no el único, existen delitos asociados como el desplazamiento de víctimas, despojo de bienes, homicidio, entre otros. Aunque es importante resaltar que los contenidos sobre desaparición forzada de esta sentencia del Bloque Cacique Nutibara están dispersos y parecen desvinculados.

En su versión libre, los postulados relatan que se incorporaron al BCN, a finales de los noventa y principios del 2000, algunos incluso siendo menores de edad, tenían zonas específicas de actuación en barrios de Medellín e Itagüí.

Ahora bien, se realizaron imputaciones en su contra como utilización ilegal de uniformes e insignias, falsedad de documento público, hurtos, desplazamiento forzado, entre otras que fueron mencionadas en la sentencia, se hizo especial énfasis en los homicidios. En las confesiones de los postulados hay muy poca alusión a las desapariciones forzadas, solo confiesan tres casos de desaparición forzada, pese a lo anterior, la sentencia ordenó a las entidades estatales tomar medidas y acciones específicamente relacionadas con este crimen.

3.1. PATRONES DE CRIMINALIDAD DENTRO DE LA SENTENCIA CONTRA EL BLOQUE CACIQUE NUTIBARA

"Un patrón de criminalidad está constituido por una serie de delitos de carácter sistemático, generalizado o reiterado", así lo menciona la sentencia.

Las desapariciones forzadas no fueron solo un patrón dentro de la organización, también fueron un instrumento dentro del conflicto armado, 1663 casos de desaparición forzada se presentaron en Medellín y su área metropolitana antes de la vigencia de la Ley 906 de 2004, aunque la Sala señala que no todos estos casos son atribuibles al BCN, sí reconoce su participación en una buena parte de ellos (p. 138).

Después de los operativos presentados en la Comuna 13, el BCN continuó con esta práctica, llegando a las casas de las víctimas con lista en mano, las retenían y luego las desaparecían, se narra la forma como los miembros de BCN sacaban a las víctimas, las amarraban, torturaban y/o asfixiaban mecánicamente y luego eran desmembradas, descuartizadas y/o decapitadas; después las inhumaban en lugares que eran utilizados comúnmente para ese fin. Se dice que los nombres de quienes estaban en esa lista eran personas que habían sido detenidas y registradas por la Policía y el Ejército Nacional durante las operaciones Mariscal y Orión, o capturadas y registradas en la estación de policía (pp. 139-140). Al respecto, el Bloque Cacique Nutibara tuvo por lo menos tres bases estratégicas en la Comuna 13, ubicadas en el Alto de Bellavista "El Cebollal", el Alto de la 43 o el sector del Morro, desde donde controlaban los barrios Las Margaritas, Vallejuelos y Juan 23, también tenían el control de La Escombrera del sector.

La ESA, Escombros Sólidos Adecuados Ltda., antes Agregados San Javier, inició su explotación en el 2000 y tenía por objeto la industrialización y comercialización de materiales pétreos (p. 141)[12]. Igualmente, las Empresas Varias de Medellín también utilizaron los sectores de La Arenera y La Escombrera para depositar residuos. El Bloque Cacique Nutibara se instaló en dicho lugar y no solo lo utilizaron como base, sino que allí enterraron a sus víctimas y están sepultadas bajo grandes cantidades de escombros. En consecuencia, y conforme a la evidencia que dispone la Sala, se dice que, en este lugar, se encuentran los cuerpos de al menos 300 jóvenes desaparecidos por el BCN.

Además de la Arenera y la Escombrera, se señalan otras fosas ubicadas en distintos sectores de la ciudad donde fueron enterradas las víctimas del BCN, como lo son San Cristóbal, La Cruz, Santo Domingo, Niquitao, Carambolas, San Antonio de Prado, La Pinera y La Gabriela, sin dejar de mencionar la Catedral de Envigado, donde funcionaba un horno crematorio que desaparecía toda evidencia del cuerpo de las víctimas, pues las autoridades se quejaban del elevado número de homicidios, y, para la época, por órdenes de Carlos Castaño Gil, se implementó un plan de exterminio de los consumidores de drogas. Al menos 400 ejecuciones se realizaron por medio de dicho método (Tribunal Superior del Distrito Judicial de Medellín, Sala de Justicia Paz, Sentencia del 24 de septiembre de 2015, Bloque Cacique Nutibara de las AUC, p. 142).

> [...] paradójicamente, eran los miembros del Bloque Cacique Nutibara quienes traficaban y suministraban la droga y luego asesinaban a los consumidores, como se establecerá más adelante.
>
> El motivo también está relacionado con los hábitos personales y antecedentes judiciales de las víctimas, pues Carlos Alberto Mesa Escobar fue detenido y condenado el 14 de junio de 2.000 por el delito de hurto agravado por el Juzgado Cuarenta Penal Municipal a 18 meses, 21 días de prisión y Jonathan Steven Pulido Guarín

---

12 Video titulado "La Escombrera" emitido en el programa infrarrojo por Teleantioquia, dirigido por el doctor Federico Benítez González, realizado en el segundo semestre de 2010; informe parcial no. 1 del 27 de marzo de 2009, referencia: actividades de verificación de fosas inhumación clandestina comuna 13 dirigido a Héctor Eduardo Moreno, fiscal coordinador de la unidad de justicia y paz y suscrito Por Jorge Alberto Díaz Vélez, Hermes Mena Abadía, Oscar Joaquín Hidalgo David, grupo de identificación, NNS y desaparecidos del CTI (fs.61 a 67 carpeta informe desaparecidos comuna 13) (fl. 167, carpeta jornada de víctimas 2010).

estuvo retenido en la Estación de Policía de San Antonio de Prado el 16 de abril de 2.001 por amenazas e intimidación a los habitantes del barrio Palo Blanco y fue reconocido como asaltante en dicho sector y consumidor de estupefacientes. (p. 234)

IMAGEN 16

STENCIL EN CALLES DE LA COMUNA 13

Fuente: foto equipo investigador.

Otro patrón de criminalidad identificado en la sentencia es el desplazamiento forzado, la evidencia menciona que esta práctica no solo fue una consecuencia de otros delitos, sino una estrategia de dominio, control social, despojo y apropiación de bienes, que en algunos casos terminaban siendo una fuente de financiación para dicho grupo (p. 150).

En el artículo, "Medellín y desplazamiento forzado", de la Dra. Luz Amparo Sánchez Medina, se narra que de 2000 a 2004 se presentaron 4810 víctimas de desplazamiento forzado interurbano en Medellín y el área metropolitana, al menos 1900 personas fueron desplazadas de la Comuna 13. Uno de los tantos casos se presentó el 29 de junio de 2002 a las 10:00 p.m., hombres armados con insignias de las AUC llegaron a la parte alta del barrio El Salado, cortaron la energía eléctrica, tumbaron las puertas de las viviendas, amenazaron de muerte a sus habitantes, incluyendo niños, dispararon e incendiaron varias residencias; en este hecho más de 700 personas huyeron. También se mencionan hechos ocurridos en los barrios, Las Independencias, 20 de Julio, Blanquizal y Olaya Herrera, también el desplazamiento masivo del 21 de mayo de 2001 en el asentamiento El Esfuerzo, en límites con el municipio de Bello (pp. 144-145).

Otro de los patrones a los que se refiere la sentencia tiene que ver con los homicidios y las formas como estos fueron perpetrados. Según las confesiones de los postulados, estos casos de homicidios se presentaron por motivos y contra víctimas específicas; principalmente a hombres jóvenes, con antecedentes o investigaciones, adictos y expendedores de drogas o habitantes de sectores vulnerables.

Es importante mencionar que muchos de estos homicidios se cometieron en público, con disparos en la cabeza a corta distancia e indefensos, una forma de exhibición de poder y control, con letreros alusivos al grupo informaban los motivos del hecho. Así mismo, se mencionan casos de masacres y operaciones masivas, acompañados de un desproporcionado uso de fuerza, que incluye allanamiento y registro de vivienda, retenciones de personas y despojo de bienes. En total se le atribuye al Bloque Cacique Nutibara 9194 delitos, 553 de desaparición forzada, 224 desplazamientos y 8073 homicidios (p. 156).

Específicamente, fueron identificados 46 homicidios y 3 desapariciones forzadas confesadas por los postulados, en estos hechos se resaltan los casos de Edilberto de Jesús Cañas Chavarriaga, alias Cañitas o Bertico, en el que se menciona, como hechos de contexto y sin mayor investigación, la desaparición de Doris Edilma Uribe y Milena Molina; en el caso de Jesús Cañas Chavarriaga, alias Cañitas o Bertico, se mencionan, investigan e imputan cargos por la desaparición forzada de un NN "alias El Gato" y de Jorge Mario Monsalve Guarín, este último un joven menor de edad.

> La evidencia también enseña que, en esos meses, entre abril y mayo de 2002, y algunos en esos mismos días, entre el 11 y 14 de mayo de 2002 y en el mismo barrio Los Olivares, además de Hugo Alexander López Londoño, las Autodefensas Unidas de Colombia (AUC) asesinaron a Tomy Alexander Cortés Urán, Jorge Mario Santana Amariles, Duberney Mejía Zapata, Luis Carlos Arias Suaza y Jader Andrés Muñoz. De otros apenas se conoce su nombre: don Cristóbal López, don Albeiro Castro y don Carlos, a quien le dejaron un letrero tildándolo de "sapo". A Doris Edilma Uribe Gallón, esposa de Jader Andrés Muñoz y cuñada del joven Hugo Alexander López, la desaparecieron desde el mismo día del homicidio de su cónyuge y a la esposa de otro, Milena Molina, la desaparecieron, la torturaron y luego la mataron y la de Luis Carlos Arias Suaza se desplazó a raíz de su homicidio. Esos hechos eran cometidos por jóvenes encapuchados entre las 6 de la tarde y las 3 de la mañana, utilizando vehículos y motos y, como declaró la testigo Gloria Cecilia Uribe Gallón, "los mataban delante de todo el mundo, dejaban letreros de las A.U.C". De manera concomitante con los hechos aparecieron grafitis con las

palabras Autodefensas Unidas de Colombia o mensajes como "Muerte a sapos", "Guerrillero ponte el uniforme o muere de civil", típicos de éstas.

La prueba indica que la situación en el barrio se volvió tensa por esa época, al punto que circulaban versiones de que los paramilitares tenían una lista de 40 personas e iban a ejecutar una masacre en el barrio, todo lo cual generó un "éxodo" o desplazamiento de sus habitantes. (p. 174).

Posteriormente en el caso de Néstor Eduardo Cardona Cardona, alias Alpinito o el Mono, se relata el caso de la víctima Julián Andrés Vergara Agudelo quién es arrojado al río Medellín y aparece posteriormente en Barbosa[13], con este caso y los dos siguientes que se mencionarán sucede una particularidad, y es que, a diferencia de la víctima Jorge Mario Monsalve, no son abordados como tal, como desapariciones forzadas, ni como detenciones ilegales (término que en ocasiones hace alusión a la desaparición en la sentencia), sino que son tratados directamente como homicidios, sucede lo mismo con los casos atribuidos al postulado Alexander Erazo Guzmán, alias Alex Bonito, con el homicidio de José Humberto Echavarría Cardona y Albeiro Echavarría Chavarriaga[14].

Cuando se habla de detenciones y se describen los casos se encuentra que dos de las víctimas fueron llevadas a la finca el Chuscal, un lugar común para las desapariciones forzadas. No obstante, los dos casos no son abordados ni investigados bajo este tipo de crimen sino como homicidios, tanto en los casos de desaparición mencionados como en los homicidios.

---

13 Alrededor de las 9:30 de la noche del 14 de octubre de 2003, dos miembros del Bloque Cacique Nutibara conocidos como Niche y Schumager retuvieron al menor Vergara Agudelo y lo llevaron ante el postulado Néstor Eduardo Cardona, quien le disparó en 2 o 3 ocasiones con un revólver calibre 38 corto en la llamada Curva del Diablo del Barrio El Bosque y luego entre todos lo arrojaron al río Medellín. Su cadáver fue encontrado flotando en el río en el municipio de Barbosa. De acuerdo con la versión del postulado, la orden de asesinarlo y arrojarlo al río vino de Stiven Rentería Rentería, conocido como el Negro Acacio, porque era un miliciano de la Comuna 13, que se dedicaba a transportar armas para las milicias (p. 214).

14 A las 12:30 de la noche del 10 de septiembre de 2002, en la finca Cañaduzal de la vereda Santa Rita del corregimiento San Antonio de Prado, el postulado Édgar Alexander Erazo Guzmán y otros sujetos pertenecientes al Bloque Cacique Nutibara asesinaron a José Humberto Echavarría Cardona y luego sacaron de su residencia y amarraron a Albeiro Echavarría Chavarriaga, a quien trasladaron hasta la vereda el Chuscal, donde lo mataron (p. 255).

3.2. MEDIDAS DE REPARACIÓN ORDENADAS EN LA SENTENCIA CONTRA EL BLOQUE CACIQUE NUTIBARA

En cuanto a las medidas de reparación en sentencia del 24 de septiembre de 2015 el Tribunal Superior del Distrito Judicial de Medellín, Sala de Justicia y Paz, Sentencia del 24 de septiembre de 2015, Bloque Cacique Nutibara de las AUC, expresó que

> Los Tribunales, entonces, tienen un rol decisivo en tanto son el escenario para declarar la responsabilidad de los distintos actores en las vulneraciones que han tenido lugar y para garantizar el derecho de las víctimas a acceder a la justicia, a gozar de un recurso judicial efectivo y a obtener reparaciones. En este sentido es importante tener en cuenta que: La restitución, rehabilitación, indemnización, satisfacción y garantía de no repetición han sido desarrolladas a través de una serie de medidas que adquieren vital importancia en el proceso de restablecimiento integral de la población. (p. 337)

Y, en congruencia con ello, entre otras medidas ordenó

> la Gobernación de Antioquia, a la Alcaldía de Medellín y al Concejo Municipal adoptar todas las acciones y medidas necesarias para suspender el arrojo de escombros y otros desechos en las zonas conocidas y delimitadas como la Escombrera y la Arenera, de igual forma ordena a la Fiscalía General de la Nación, la Alcaldía de Medellín y las demás instituciones que hacen parte de la Mesa Técnica e Interinstitucional de Desaparición Forzada del Área Metropolitana y del Plan Nacional de Búsqueda de Personas Desaparecidas, en especial, financiar y realizar todos los esfuerzos posibles, suficientes y razonables, humanos, técnicos y materiales, para encontrar los cuerpos de las víctimas Alberto Miguel Pérez Reyes -el cual se encuentra en una fosa común del Parque Cementerio Universal de Medellín-, Jorge Mario Monsalve Guarín y Julián Andrés Vergara Agudelo y descartar, en este último caso, que su cuerpo haya sido rescatado del río Medellín en inmediaciones de Barbosa. (pp. 779-780)

También ordenó a los postulados que, de conformidad con el compromiso adquirido en el Incidente de Reparación Integral, elaborarán una placa conmemorativa con los nombres de las víctimas sujetos de reparación de sentencia. La placa sería colocada por los postulados en el memorial que se debe construir en el sector conocido como La Arenera y La Escombrera de Medellín, o bien en el Museo Casa de la Memoria, a elección de las víctimas y de común acuerdo con las autoridades participantes. Los postulados pueden proponer su forma y contenido, pero será sometido a consideración de las víctimas y se definirá de común acuerdo con estas y sus apoderados y organizaciones (p. 659).

Finalmente, con respecto a las víctimas de la sentencia, se insta a los postulados y a las autoridades a financiar y realizar todos los esfuerzos posibles, suficientes y razonables, humanos, técnicos y materiales, para encontrar los cuerpos de las víctimas Alberto Miguel Pérez Reyes, Jorge Mario Monsalve Guarín y Julián Andrés Vergara Agudelo (p. 660).

Otras medidas de reparación reconocidas por la providencia judicial corresponden a la cancelación de la indemnización reconocida en la sentencia y a la exigencia de trato preferencial en las entidades de salud, que presten atención médica y psicosocial a los grupos familiares, que las víctimas desplazadas que no cuentan con recursos puedan acceder a vivienda mediante programas de vivienda de interés social (VIS) (pp. 661-662).

Así mismo, se ordenaron medidas generales de satisfacción, como la declaración pública de reconocimiento de hechos y solicitud de disculpas que restablezcan la dignidad de las víctimas y de las personas vinculadas, arrepentimiento y compromiso de no incurrir en nuevas conductas punibles, participación en actos simbólicos de resarcimiento y dignificación, colaboración eficaz para la localización de personas desaparecidas y la localización de cadáveres, entre otras.

4. CONCLUSIONES

Las sentencias estudiadas evidencian los patrones de macrocriminalidad operante en las desapariciones forzadas, detallando la gravedad del crimen en número y modos de asesinato; igualmente establece las medidas judiciales adoptadas. Ambas sentencias muestran la geografía del terror que el crimen de desaparición forzada creó en el territorio colombiano.

La presencia de *modus operandi* tiene sus puntos de congruencia y diferenciación. Por un lado, ambos grupos en sus zonas de actuación diferenciales (rural y urbano) opta por realizar siempre traslados de las personas que serán desaparecidas. En el caso del Bloque Cacique Nutibara, estos traslados suelen ocurrir a lugares de desaparición urbanos como escombreras, areneras y zonas despobladas como montes o canchas. De igual forma, el Bloque Metro realizaba un traslado, pero muchas veces este traslado era mucho más complejo, llevando a la víctima directa frente a los comandantes, o realizando un retén para luego trasladarla u otro sitio para ser asesinada y, posteriormente, llevar su cadáver a un destino final, que eran fosas comunes o individuales y a fuentes hídricas.

Por la relación histórica entre los bloques, las formas de tratamiento del cuerpo y de la victimización tienes amplias similitudes en cuanto a que su repertorio varía en función de la diferencia contextual. Los análisis permitieron rescatar los aspectos principales expuestos a lo largo de este capítulo. Sin embargo, no se exponen a detalle las categorías empleadas y los hallazgos completos de la sentencia. Lo anterior, teniendo en cuenta que los análisis de contenido sirven mayoritariamente para entender, de forma adecuada, los aspectos expuestos resumidamente en el presente capítulo y pueden exceder la extensión y la intención del presente trabajo.

Finalmente, es posible concluir que la DF es un fenómeno territorialmente extenso, con un *modus operandi* claro, que puede ser enseñado y tecnificado como se observa en el Bloque Metro y que tiene una extensa relación con otras formas de victimización que son concomitantes con la DF.

REFERENCIAS

Auto 48.749 de octubre 5 de 2016.

Centro Nacional de Memoria Histórica [CNMH]. (2015). Paramilitarismo balance de la contribución FRL CNMH al esclarecimiento histórico: informe "Grupos armados posdesmovilización. Trayectorias, rupturas y continuidades". CNMH.

Decreto 356 de 1994, Resolución de la Superintendencia de Vigilancia y Seguridad 42378 de noviembre de 1996.

Decreto Ley 356 de 1994.

Ley 1448 de 2011, art. 3.

Tribunal Superior del Distrito Judicial de Medellín, Sala de Justicia y Paz, Sentencia del 12 de febrero de 2020, Bloque Metro de las AUC.

Tribunal Superior del Distrito Judicial de Medellín, Sala de Justicia Paz, Sentencia del 24 de septiembre de 2015, Bloque Cacique Nutibara de las AUC.

CAPÍTULO TERCERO

CEMENTERIOS COMO ESCENARIOS PARA EL ESTUDIO DE LA DESAPARICIÓN FORZADA EN COLOMBIA

MÓNICA JOHANNA GIEDELMANN REYES*
CLAUDIA LORENA GÓMEZ SEPÚLVEDA**
LAURA FERNANDA JAIMES ALVARADO***

[...] los panteones imponen un sentido especial al caminar por ellos. Quizá sea la condición atávica de la muerte, colándose en nuestros pies, la que nos conduce a este paso lento, silencioso y afectado. Aquí, el silencio es más profundo y apenas se perciben las voces de los cuerpos al "subtierro". Cuerpos que en cualquier momento seremos nosotros.

Carolina Robledo,
Necrogeografía de la guerra entre los panteones y las fosas de Sinaloa

SUMARIO

---

* Antropóloga de la Universidad de Los Andes (Bogotá); magíster en Muerte y Sociedad y doctora en Arqueología de la Universidad de Reading en el Reino Unido. Actualmente es directora del Instituto de Investigaciones en Ciencias Sociales Atulaa, docente investigadora del Programa de Antropología en la Universidad de Santander y miembro del grupo de investigación en Humanidades, Guane (Bucaramanga), áreas de investigación: muerte, rituales funerarios y duelo en contextos arqueológicos y contemporáneos. Contacto: mon.giedelmann@mail.udes.edu.co.

** Especialista en Memorias Colectivas, Derechos Humanos y Resistencias del Consejo Latinoamericano de Ciencias Sociales (CLACSO). Historiadora y archivista de la Universidad Industrial de Santander. Joven investigadora adscrita al Ministerio de Ciencia Tecnología e Innovación y a la Universidad de Santander (UDES) durante el periodo de junio del 2021 a junio del 2022. Miembro del Grupo de investigación Guane, UDES. Contacto: c.lorenagomez@hotmail.com

*** Ph. D. en Fisiología de la Universidad Federal de Minas Gerais Brasil, magíster en Neurociencias de la misma universidad, psicóloga de la Universidad Pontifica Bolivariana de Bucaramanga. Contacto: Lauferjaimes@gmail.com

Este capítulo discute el papel que los cementerios desempeñan en el entendimiento del fenómeno de la desaparición forzada (DF). Inicialmente, se esbozan planteamientos teóricos sobre las relaciones de estos espacios con las representaciones sociales, con la elaboración del duelo y con la fijación de la memoria dentro del paisaje; para luego terminar con la presentación de los cuatro panteones escogidos en el estudio, en los que se ejemplifican varios aspectos y características de manera variopinta.

1. LOS CEMENTERIOS COMO ESCENARIOS PARA EL ESTUDIO DE LA DESAPARICIÓN FORZADA

Los cementerios son sitios intramuros donde se alojan restos mortales que, de acuerdo con los tiempos y culturas, pueden ser espacios para el descanso de los creyentes, ubicados cerca de centros religiosos como templos. Recientemente estos se han convertido en instituciones de naturaleza privada y secular destinados para el entierro de difuntos sin restricción religiosa o política donde prima un sentido de accesibilidad económica (Molina, 2013; Rugg, 2000). De forma que los cementerios reflejan los patrones sociales y culturales de la época, no por azar son denominados como necrópolis: *la ciudad de los muertos o necro-paisajes (deathscapes)* (Klaufus 2016, Numpaque 2019). Y, así:

> los espacios sociales se interpenetran entre ellos y/o se superponen uno sobre otro. [...] Las fronteras visibles, como muros o cerramientos en general, dan lugar por su parte a la apariencia de separación entre espacios donde en realidad lo que existe es una ambigua continuidad. (Lefebvre, 1991, p. 87)

La dinámica que se realiza en estos espacios hace de estos escenarios propicios para la representación cultural y receptora de las expresiones personales y emotivas que los dolientes plasman en las losas sepulcrales. Este mosaico de actividades hace de estos panteones museos al aire libre y de las lápidas, lienzos de expresión emotiva, social y cultural del doliente que emplea diversos estilos y formatos —desde escritura, literatura, historia, religión hasta representaciones iconográficas— que cada día innovan con tendencias poco convencionales. Adicionalmente, las prácticas de conmemoración generan *performance* y ofrendas que iluminan y pintan los escenarios funerarios de color y sentimiento, convirtiéndolos en verdaderas muestras de la cultura popular y religiosa de nuestros días.

Los cementerios como necrópolis exhiben la metamorfosis que la ciudad y la sociedad transitan en su día a día; es decir que, a pesar de tratarse del espacio de los muertos, se encuentran atravesados por hechos y dinámicas que develan esferas de la vida al igual que de la muerte. Desde el uso y diseño de la parafernalia mortuoria, pasando por normativas de higiene y salubridad, hasta llegar al mundo de lo escatológico; creencias y prácticas para recordar a los ausentes. Así, los cementerios son escenarios performativos en constante movimiento y parte de esa dinámica implica que el entierro tenga una estancia cíclica, pues cada vez son menos accesibles las tumbas a perpetuidad, lo cual implica que, en su gran mayoría, las sepulturas se alojen por un periodo de varios años en un primer destino, para luego ser recogidos por sus familiares para transportarse a un entierro secundario y final, generalmente osarios en otro pabellón u otro cementerio. Vale la pena recalcar que cuando estos despojos no son reclamados, son depositados en fosas comunes. De una u otra forma, el entierro primario es destruido y relocalizado como parte de la dinámica de uso del cementerio; por ello, cada cierto tiempo se produce un cambio generacional que sin un registro oportuno (más allá de lo estrictamente administrativo) ocasiona la pérdida irreparable de información de una época (Moncada, 2008).

> También en la muerte reside el poder, también en la muerte hay cuerpos expuestos a la precariedad y al olvido, y otros que son motivo de culto y devoción. Estas formas de expresión política en el campo de la muerte configuran una necrogeografía expresada en relaciones de desigualdad, dominación, exclusión y resistencia que se hacen materialmente evidentes en el espacio de los panteones, a través de procesos de segregación, clasificación y borramiento. (Robledo, 2020, p. 177)

La DF ha impactado ampliamente el territorio colombiano, conformando geografías del terror que se han propagado a diversos parajes: "[...] ríos, zonas de exclusión urbanas y rurales, zonas extractivas, zonas de excedentes y desechos, pero también, y de manera particular, en cementerios" (Ordoñez, 2020, p. 25); de modo que es en los panteones donde se desvela el miedo que genera el cadáver insepulto (Nieto, 2020) al igual que expresiones de la pérdida ambigua (Ariza y Gutiérrez, 2018), encontrando así en los sitios funerarios escenarios propicios para tramitar los vejámenes de este crimen. De hecho, los cementerios pueden adoptar por sí mismos un carácter de registro histórico fundamental para indicar las identidades sociales, acciones, prácticas y creencias de cómo una comunidad se vincula en una ventana de tiempo dada con sus seres queridos ausentes, donde se condensan aspectos tangibles como intangibles de esa relación entre difuntos y deudos (Mirto *et al.*, 2021, p. 105). En situaciones extraordinarias el impacto ocasionado a los vivos resuena en otras dimensiones, tal como se expresa:

> En los procesos "normales" de muerte, donde existe un cuerpo para dar sepultura, el cementerio es el espacio que divide el mundo de los vivos del mundo de los "muertos", es un espacio fundado en lógicas propias donde las marcas de parentesco, de filiación, de clase social, de pertenencia a grupos aparecen por todos lados como señales de quien es la persona que está allí sepultada. De cierta forma la marca de la sepultura funciona como un operador que integra en una estructura meta-histórica al grupo social desgarrado por la muerte [...] recrea en un nuevo espacio las relaciones de parentesco, sociales y culturales rotas por la muerte. Con la falta del cuerpo, locus esencial de los rituales de la muerte, ¿qué espacios son recreados para dar cuenta de esa ruptura? (Jean, 2019, p. 137)

Para el caso de la DF, los espacios funerarios son importantes como escenarios para hacer *performance* con la elaboración del duelo, puesto que no solo existe la ausencia de la persona, sino que ante la incertidumbre de su fallecimiento también existe la ausencia de la tumba: "La tumba, ese espacio que debería poner el límite, marcar el fin o poner una separación entre el espacio-tiempo mundano y el espacio-tiempo de la vida póstuma, encuentra muchas veces un sustituto precario [...]" (Colombo, 2019, p. 330). De forma que, aunque pareciese tratarse de una paradoja, visitar el lugar de depósito de los cadáveres exaltando precisamente la falta de la evidencia probatoria de muerte, la corporalidad inerte cobra total sentido al realzar estos espacios como telones en los que es posible refugiarse ante la posibilidad de encontrar *espacios sustitutos* que les acojan para transitar su pérdida y mitigar su angustia, pues allí se suman al imaginario colectivo donde se dialoga con lo intangible y sagrado y donde se hilan lazos de resiliencia y solidaridad. El adjetivo "sucedáneo" que acompaña al concepto *memoria* ha sido elegido para extrapolar hacia dicho concepto la doble cualidad de lo sucedáneo, a saber, "sustancia que, por tener propiedades parecidas a las de otra, puede reemplazarla" (Vivanco, 2018, pp. 132-133).

Pueden constituirse en lugares donde la expresión del dolor y el sufrimiento encuentran cabida y donde la relación con otras personas —quienes transitan con padecimientos similares— alivia la pena. Los muertos "anónimos" no son muertos ordinarios, mientras estos últimos transitan entre la vida y la muerte esperando los rituales para incorporarse al más allá; los primeros como los *desaparecidos* están "bloqueados", ni vivos ni muertos, convirtiéndose en seres tremendamente liminales, lo cual los convierte en una amenaza para la comunidad que los rodea (Delacroix, 2020, p. 65). Según Garrand Burnet (2015, p. 186), en Guatemala las Fuerzas Armadas pudieron haber expulsado a las personas del mundo de los vivos, pero no a la contaminación de la muerte y, por esto, los vivos son atormentados por el espíritu de sus ancestros:

> El hecho de no haber podido rendir un homenaje adecuado al difunto constituye un gran motivo de angustia para los parientes de las víctimas, que se atribuyen responsabilidad de su destino miserable, al tiempo que es problemático para la sociedad en su conjunto, en la medida en la que emanaciones nocivas atribuidas a los muertos "contamina" a los vivos. (Delacroix, 2020, p. 66)

A pesar de que la comunicación con los muertos no cesa con la exhumación, sí se alivia. El hecho del ritual funerario no interrumpe la relación entre deudos y difuntos, sino que promueve una nueva existencia para el occiso; por esto, el entierro digno es necesario para mitigar la amenaza que genera la existencia del cadáver insepulto (Fourner *et al.*, 2013; Nieto, 2020).

La existencia de la lápida es clave en dos acepciones/sentidos de la identificación del difunto, por un lado, identifica la ubicación de los últimos despojos de la materialidad de su humanidad, pero, por otro, reconoce la existencia de una persona que en vida tuvo atributos que la hicieron única e irrepetible, reiterando así su identidad. Bajo esta perspectiva, la DF es un crimen de total exterminio del otro, material e inmaterial, porque imposibilita ambas formas de existir. Al respecto, Scaramucci (2020) postula que el significado simbólico de los túmulos y lápidas funciona como mecanismo de fijación de las memorias en un lugar y como lugar de conmemoración, convirtiéndolo en un espacio sagrado y animado para la presencia de los muertos (p. 3). La postura de la lápida detona los rituales fúnebres que orientan la incorporación del difunto en otra dimensión y a los dolientes en la reorganización de su plan de vida, sin el ser querido. Por lo tanto, la negación a cualquier atisbo de sacralidad ante la desaparición reproduce el mecanismo/dispositivo operante de la violencia, activando el ciclo revictimizante. En casos en los que la desaparición del cuerpo se da por razones ajenas a la violencia, se celebran actos conmemorativos o ritos fúnebres para no perjudicar la realización de duelo; por ejemplo, las muertes en el mar se honran poniendo cruces en las capillas o en otros casos se erigen monumentos (Scaramucci, 2020). De una u otra forma, para la superación de una crisis vital —como es el duelo— la celebración de ritos de paso es necesaria (Gennep, 1960).

Así, los cementerios se consolidan como espacios, portales de comunicación, de modo que los significados están atados al mundo a través del paisaje (*landscape*) que los rodea (Wilson, 2013, p. 38). Por ejemplo, los lunes, los cementerios son más concurridos, al igual que en fechas especiales como el día del padre, madre o Navidad, más en contextos rurales que urbanos; pero, en unos y otros, es común ver estos espacios adornados de flores y personas. De ser así, para las víctimas indirectas, los cementerios son escenarios de resignificación y tejido de memoria: un espacio para fijar su historia.

> Este vínculo entre los vivos y los muertos se logra gracias a las características de liminalidad que tienen los cementerios y que se manifiesta en las particularidades sagradas de estos espacios [...]. Al ser lugares en donde reposan los restos de los antepasados, se crea un significado especial en la memoria que trasciende a la manera como nos comportamos en estos escenarios. De allí que sea común adoptar ciertas prácticas como el silencio, caminar despacio, rezar, golpear suavemente las bóvedas, realizar ofrendas o dialogar en un tono bajo de voz. (Numpaque, 2019, p.189)

2. LOS CEMENTERIOS COMO ESPACIOS PARA LA MEMORIA

Los espacios que permiten la memorialización actúan como superficies de inscripción para el recuerdo y también para un olvido saludable (Méndez, 2003). Los "lugares de memoria" son espacios que remiten a la evocación de situaciones vividas por un grupo en un pasado (Ramírez, 2014); es decir, son espacios en los que un pasado se hace presente de forma difusa o en los cuales una tradición toma forma porque la propia memoria no es espontánea, volviéndose especialmente relevantes en contextos de posconflicto como espacios catárticos, conmemorativos y de disputa política (Riaño, 2000; Guglielmucci, 2012; Méndez, 2003; Ramírez, 2014).

Tradicionalmente, se han considerado espacios físicos en los que ocurrieron los hechos o los sitios construidos en conmemoración a los acontecimientos producto de diversas iniciativas autónomas, órdenes judiciales (Guglielmucci, 2012, 2018; Méndez, 2003) y las legislaciones sobre memoria (Jaimes, López y Mendoza, 2020). Generalmente esos "lugares de memoria" son casas de personajes famosos, lugares de detención, museos, bibliotecas, archivos, santuarios, cementerios e inclusive algunos lugares de inhumación clandestina (Guglielmucci, 2018; Meade, 2001; Ramírez, 2014). Al respecto, sitios funerarios han sido considerados como espacios de conmemoración de guerra tradicionales para la exaltación de los valores nacionales de patriotismo, heroísmo y sufrimiento de un pueblo, sin que estos procesos de musealización se traduzcan en una valorización de todas las vivencias de la guerra, es decir, en una memoralización polifónica de la guerra (Roigé, 2017).

La aceptación de los sitios funerarios como espacios patrimoniales y de la memoria inició en el 2005 con la Declaración de Newcastle (UNESCO), se recalcó la importancia de los paisajes culturales, al destacar que son parte fundamental de su comunidad y que así mismo son dinámicos y pueden representar el dolor humano, el sufrimiento y la muerte, para permitir desde allí la comprensión mutua y la creación de paz. Así mismo, estos sitios se consideran de reconciliación y recuerdos, lugares de visita y de reunión donde se da un intercambio cultural y la comprensión mutua de la diversidad. La UNESCO también nominó a los cementerios como paisajes culturales receptores de atributos socioculturales que albergan la historia local y la memoria colectiva, además de las tradiciones, rituales y prácticas artesanales. Esta iniciativa influenció otras que ratifican la valoración de sitios funerarios, como es el caso de la creación de la Carta Internacional de Morelia en noviembre del 2005, que reafirma algunos documentos enunciados en años anteriores y destaca el valor del patrimonio orientado a los sitios, monumentos, conjuntos y elementos funerarios, mostrando su potencial cultural y patrimonial. Posteriormente, en el 2010 se creó la Declaración de Paysandú, en la que se expresaba la dimensión pedagógica de los cementerios patrimoniales, e invitó a fomentar el valor educativo y potenciar la valoración y preservación del patrimonio funerario de los países, al concientizar el valor cultural y la necesidad de salvaguardar los monumentos y conjuntos funerarios contemporáneos.

Si bien existe una normativa internacional para la declaratoria de espacios funerarios como cementerios patrimoniales; ya sea por su valor histórico, arquitectónico o artístico; todo cementerio guarda atributos —excepcionales o corrientes— que condensan y permiten reconstruir la memoria, costumbres, creencias y patrimonio de los pueblos.

3. CULTURA MATERIAL FUNERARIA COMO ESTRATEGIA DE ESTUDIO

Así, una de las formas de estudiar los cementerios es por medio de la cultura material funeraria, la cual devela elementos propios de las exequias en el momento de la despedida al ser amado, al igual que *a posteriori*, sobre aquellos elementos con los cuales los dolientes decoran, recuerdan, conmemoran o se vinculan con sus seres ausentes. De modo que la escena funeraria puede componerse de múltiples partes: panteones, tumbas, altares, capillas, hornos crematorios, monumentos, esculturas, pasillos, venta de flores, losas sepulcrales, entre otros tantos. Este estudio se concentra exclusivamente en las lápidas como soporte principal sobre el cual se señala la ubicación, identidad del difunto y momento de entierro, que con el tiempo se constituye en un punto de encuentro entre los deudos y su ancestro/ser amado.

La captura de datos de las losas privilegia la legibilidad de la información que posteriormente será procesada y analizada, por lo cual es importante realizar una captura fotográfica de cada una de las lápidas como unidad de análisis, aunque es importante reseñarla dentro del conjunto del cementerio, ya sea mediante su ubicación en un pasillo, pabellón, área o cualquier otra denominación y sistema empleado por el personal del panteón. Una vez hecha la captura, se procede a organizar el material por archivos en Portable Document Format (PDF) para poder iniciar la codificación de los aspectos que se desean trabajar, para este caso se inció en el *software* de datos cualitativos Atlas.Ti, versión Web 2022. Allí, se etiquetaron las variables de estudio sobre la imagen que contemplaban alrededor de varias categorías generales: presencia o ausencia de cuerpo, sexo del difunto, intervención de la JEP, iconografía, epitafio, material de la lápida, práctica cultural, tipo de soporte, que, a su vez, se subdividen en diversos subcódigos, alcanzando alrededor de 50 códigos para el cotejo, comparación y cruce de variables disponibles para el análisis.

Se estima que de los cuatro cementerios se obtuvo una muestra de 11 551 lápidas, algunos panteones pueden registrarse en su totalidad y otros parcialmente debido al estado en el cual se encontraban o por otro tipo de restricciones como permisos, o la presencia de la Unidad de Búsqueda de Personas dadas por Desaparecidas (UBPD).

Socialmente se escucha hablar de cuerpos N.N., que del latín reconoce en sus siglas la definición de *nomen nescio*, en español, nombre desconocido o No Nombrado. Estas siglas se le han atribuido por décadas a cuerpos de personas que se han hallado sin documentos que acrediten su identificación y con procesos en los que la eliminación de su identidad ha sido provocada por causas naturales o sociales. Ante ello, habitar un espacio funerario con estas siglas es una posibilidad, y en Colombia se ha vuelto cotidiano. En municipios pequeños, y lejos de las ciudades capitales, poseer un N.N. suele ser un hecho relacionado con el conflicto armado, pues incluso en las dinámicas actuales la comunidad se conoce y reconoce.

Esta caracterización de N.N. se asocia comúnmente como un estado permanente; no obstante, desde el Estado se adelantan campañas para socializar que es una condición y que, por tanto, no debe llevar a la invisibilización de la identidad de la persona que fue el actual cadáver. Con esto como precepto se ha institucionalizado el uso de otras siglas que aclaran la falta de identidad y denotan el hecho como algo transitorio: cuerpo no identificado o persona no identificada.

4. CEMENTERIOS SELECCIONADOS PARA EL ESTUDIO DE LA DF: CUATRO CASOS DE ESTUDIO

4.1 SAN JOSÉ DE NUS

San José del Nus es una provincia del municipio de San Roque que fue nombrado 172 veces en diferentes hechos de violencia de la Sentencia Bloque Metro. Este cementerio fue escogido, puesto que es un espacio ampliamente referenciado como un lugar asociado a la DF. Este municipio está vinculado con la génesis de los grupos autodefensas, en este se ubica la hacienda Guacharacas, cuyo robo y quema marca el origen de las AUC[1]. En segundo lugar, está referenciado dentro del *modus operandi* de la desaparición, puesto que en este pueblo se estableció un retén ilegal de control territorial que fue marcado como el inicio de varias desapariciones forzadas:

> "La operación pico y placa", misma que se llevó a cabo en las partidas de Barbosa hasta San José del Nus, San Roque-Antioquia, consistente en que las personas no

1 En la Sentencia Bloque Metro se señala: la quema de la hacienda guacharacas fue un antecedente a la formación de grupos paramilitares en la zona (p. 46). De igual manera, la sentencia tiene todo un apartado dedicado a la explicación de las convivir en San José del Nus.

> podían transitar a ciertas horas de la noche, de hacerlo eran asesinadas. A estos ciudadanos sus documentos de identidad les eran quitados y suministrados a 'Rodrigo Doble Cero', señalando el delegado del ente acusador que los mismos les eran entregados como pruebas de los homicidios, llegando a indicarse que "en poder de Doble Cero, había 12.000 cédulas de víctimas". (p.53)
>
> En audiencia concentrada de octubre 3 de 2017, sesión primera, récord 00:33:13. El Fiscal exhibió versión libre (10 y 12 de julio 2007) del postulado Rodrigo Pérez Álzate, alias Julián Bolívar, que adujo "[...] en efecto la gran mayoría de vehículos públicos y particulares que se desplazaban por la ruta Puerto Berrio-Medellín eran interceptados en el paraje del San José del Nus por los comandos del señor J, segundo hombre de Doble Cero con el fin de constatar si ellos viajaban con personas de pertenecer o apoyar al bloque Central Bolívar, en caso afirmativo eran retenidos, asesinados y desaparecidos [...]". (p. 140)

Dentro de las sentencias este fue el único lugar donde, además de la desaparición, se documentó el robo de identidad por medio de la retención de los documentos de identificación. El fin de esta conducta era realizar suplantación con las cédulas y borrar cualquier posibilidad de identificación de las víctimas directas. Adicionalmente, la sentencia referencia la presencia de N.N. víctimas de DF en el cementerio[2].

Adicionalmente, en las dos provincias principales de San Roque, San José del Nus y Cristales, se realizaron formas del tratamiento del cuerpo variadas entre las que se incluyen: arrojar cuerpos a ríos[3], desmembramiento

2 Los criminales los aprehendían, montaban en una camioneta que el GAOML llamó "la muerte", transportaban a otro sitio (sectores Gallinazo, Cascaron y El Basurero), donde los despojaban de sus pertenencias y documentos de identidad, para finalmente, por disposición de alias Chucho, causarles la muerte. Gran parte de esas víctimas fueron dadas por desaparecidas dado que arrojaban los cadáveres a una quebrada que pasaba por la zona y nunca fueron encontradas; otras, no lograron ser identificadas por las autoridades y, por tanto, fueron inhumadas como "N.N." en los cementerios de Caracolí, Maceo y San José del Nus (p. 962).

3 Son frecuentes los pasajes en los cuales los cuerpos de las víctimas son arrojados al río Nus y otros afluentes cercanos que desembocan en el Magdalena, por ejemplo: los criminales los aprehenden, montaban en una camioneta que el GAOML llamó "la muerte", transportaban a otro sitio (sectores Gallinazo, Cascaron y El Basurero), donde los despojaron de sus pertenencias y documentos de identidad, para finalmente, por disposición de alias Chucho, causarles la muerte. Gran parte de esas víctimas fueron dadas por desaparecidas dado que arrojaban los cadáveres a una quebrada que pasaba por la zona y nunca fueron encontradas; otras, no lograron ser identificadas por las autoridades y por tanto fueron inhumadas como "N.N." en los cementerios de Caracolí, Maceo y San José Del Nus.

y torturas que modifican la disposición corporal[4]. De forma general, los procesos de desaparición en esa región fueron masivos y se creó una escuela en Cristales para enseñar el desmembramiento y el tratamiento del cuerpo "más eficaz" para la desaparición. En palabras de uno de los victimarios:

> En el entrenamiento que yo tuve, nos enseñaron a matar [...] yo tuve ese entrenamiento en Cristales, en "Percherón" y "Corazón" [...] en "Corazón" tuve la normal, donde le enseñan a uno a ser paraco y la de comandos especiales la hice en "Percherón" [...] La primera parte del entrenamiento es con arma blanca, nos enseñan a encontrar los puntos (señala las coyunturas y articulaciones) y después a desmembrar el cuerpo; después nos enseñaron con motosierra y después con machete [...] nos enseñaron a cómo picar rápido, ¿qué se pica?, ¿cómo se monta una parte encima de la otra? [...] qué se mete dentro del estómago? ¿y a cuál profundidad?, ¿qué entierra?, ¿qué se le echa encima? [...] nos enseñaron a ser asesinos.

En ambas escuelas en Cristales, se tenía referencia de cementerios clandestinos, en lo que las fosas elaboradas con esos métodos guardaban varias decenas de cadáveres. Sin embargo, por intuito de borrar todo rastro de los crímenes, los cuerpos picados fueron exhumados e incinerados con llantas[5]. Estos hechos impactan dramáticamente las creencias y la relación con el territorio, el párroco de San José del Nus afirmó que después de la desmovilización tuvieron que bendecir las escuelas y el pueblo, casa por casa, como un ritual para la purificación del lugar, con el fin de ayudar a las personas

---

4 "Las personas fríamente torturadas al ser llevadas a una finca, allí eran introducidas en una piscina y subsiguientemente les colocaban cables de energía"; del mismo modo, de los elementos materiales probatorios aportados en la causa, el postulado Wilson Adrián Herrera Montoya "Pedro, Juan Diego y/o Juan Esteban", señaló: "[...] dos fincas en el trayecto de San José del Nus y Cristales. Una de ellas, tenía dos piscina, una de ellas llena de agua y la otra era llena de gasolina, tenía una profundidad de 2 metros era la que utilizaba a veces para meter la gente ahí hasta que se murieran ahí, los tiraban amarrado o esposados, luego sacaban el cuerpo y lo enterraba o lo tiraban al río San José, la gente de las AUC, lo hacía, ahí estaba el comandante de los escoltas del alias 'El Cabo', él era que le tocaba hacer esas cosas, por orden de 'el panadero'; la pretensión era que el mensaje fuese divulgado con los demás habitantes para que todos respetaran las exigencias del grupo ilegal" (p. 52).

5 En la sentencia se afirma lo siguiente: "pero en la guerra con las otras estructuras, Doble Cero dio la orden de sacar todos esos cadáveres de las fosas donde se encontraban, constituir una pila y los quemaron con llantas durante 3 o 4 días para que no quedaran rastros de los cadáveres de estas fosas. Nos hablan más o menos de 40 o 50 cadáveres quemados. Lo mismo en el sector de Santo Domingo, donde también fueron sacadas las fosas en esta zona y fueron quemados los cadáveres [...] fue un modo que utilizó el Bloque Metro para que la policía judicial o los miembros de seguridad no llegaran a las fosas".

IMAGEN 17
VISTA DEL CEMENTERIO EN SAN JOSÉ DEL NUS

Fuente: foto equipo investigador.

a seguir con sus vidas. Las distorsiones en la percepción del territorio por la presencia del enterramiento clandestino surgen a saber que esos cuerpos no recibieron ningún ritual de incorporación y se encuentran en un estado liminal que contamina la tierra. Esta percepción ha sido encontrada en algunas regiones de los Andes con la presencia de fosas comunes:

> Al no haber sido correctamente separados del mundo de los vivos y de "sus cosas", las víctimas de la violencia no pueden acceder al más allá. Se encuentran atrapadas en una etapa intermedia que se prolonga y aumenta su carácter patógeno. Como lugares nocivos que podrían potencialmente "contaminar" a los vivos. (Delacroix, 2020, p. 65)

Los antecedentes que presentaba la sentencia, más la información del párroco local sugerían que en el cementerio San José de Nus podía aguardar informaciones claves sobre los procesos culturales y de conmemoración asociados a cuerpos No Identificados desaparecidos. No obstante, de los 720

IMAGEN 18
NICHO DE N.N. EN EL CEMENTERIO EN SAN JOSÉ DEL NUS

Fuente: foto equipo investigador.

espacios de inhumación —que conforman la totalidad de espacios ocupados en septiembre del 2021—, solo el 7 % de estos corresponden a Cuerpos No Identificados. En este se percibe el ambiente religioso que denotan los espacios poblacionales pequeños colombianos y específicamente antioqueños; así, en un espacio en el que prima el color blanco, matizado por el prado verde, la división de su territorio en mausoleos con nombres de santos, y su distribución de enterramientos principalmente en nichos, se oculta a la vista la cruda realidad que tuvo en los años anteriores.

Su población y la administración parroquial cuidan del espacio mortuorio y sus nichos y tumbas se caracterizan por estar cerrados con sellamientos en un 66 % de los casos; no obstante, han sido intervenidos para transmitir una estética de higiene que refleja un espacio limpio.

IMAGEN 19
LÁPIDAS PINTADAS EN EL CEMENTERIO EN SAN JOSÉ DEL NUS

Fuente: foto equipo investigador.

El 28 % ha elegido el mármol como el material dispuesto para la lápida y un 3 % empieza a usar el metal como medio para plasmar el cierre de los ritos funerarios, donde se está generando una nueva práctica que posiciona la pintura como un medio de expresión en la lápida.

La necesidad de generar en la lápida un espejo de personalidad ha llevado a que en diferentes comunidades exploten sentidos artísticos que con facilidad se convierten en arte popular, otros cementerios muestran este fenómeno, por ejemplo, el cementerio de Barichara que usa la piedra como medio de expresión identitaria de sus difuntos, o en este caso del cementerio de San José del Nus en que se utiliza la pintura para recrear aspectos de identidad religiosa y personal.

En ellas, sin importar su materialidad, se plasman y alojan elementos que configuran el espacio funerario, permitiendo entrever que el 53 % de las tumbas poseen iconografía, y de esta el 74 % es de connotación religiosa; ahora bien, sus epitafios son en un 62 % seculares, en consecuencia, se

IMAGEN 20
LÁPIDA EN EL CEMENTERIO EN SAN JOSÉ DE NUS

Fuente: foto equipo investigador.

puede percibir cómo se va amalgamando los espacios funerarios, incluso los ubicados en corregimientos.

Las lápidas que establecen Cuerpos No Identificados se caracterizan por estar en blanco y solo disponer de las siglas N.N. para denotar la ausencia de identidad; no obstante, se halló una única lápida entre los 44 casos, que pareciese haberse reusado para decorar su fachada.

De esta manera, es evidente cómo los actos de conmemoración de este cementerio asociados a los Cuerpos No Identificados se ubican de modo individual y particular, no erigiéndose de manera espontánea a actividades que permitan reconocer una práctica cultural asociada a ellos. Es decir, contrario a lo esperado, las evidencias mostraron que no existían prácticas diferenciales, conmemoraciones particulares y cultura funeraria que mostrará una proporción mayor de desaparecidos en este cementerio. Al respecto, vale la pena recordar que la ausencia es también un resultado importante cuando nos referimos a DF, sobre todo en lugares que han tenido la presencia de dispositivos de desaparición sistemáticos y masivos, pues el objetivo de estos es eliminar toda evidencia de la victimización. Así, la ausencia que está paralelamente acompañada de la presencia aún de grupos armados activos en la zona[6] y de un clima en el que persiste el miedo, muestra el éxito de tales dispositivos del terror.

4.2 CEMENTERIO PARROQUIAL DE LAS AMÉRICAS, SAN JAVIER EN MEDELLÍN

El barrio San Javier en la comuna de Medellín ha sido uno de los más afectados por la violencia. Particularmente, durante y después de las operaciones militares en las que cooperaron Ejército y paramilitares para controlar la Comuna 13 —existió un incremento de la DF—, un *modus operandi* que permite continuar el exterminio de miembros de la comunidad sin inflar las cifras de homicidio de Medellín, por lo que era leído y divulgado como parte de un proceso de pacificación de la ciudad por la vía militar.

La sociedad civil se organizó de muchas formas como respuesta a las diversas victimizaciones. Surgieron, por un lado, grupos de víctimas indirectas, mayoritariamente conformados por madres buscadoras; además, surgieron movimientos juveniles que se integraron alrededor del rap para narrar la problemática de violencia, abuso, pobreza y narcotráfico; por otro, emergieron colectivos juveniles más organizados que se alojaron en casas del barrio San Javier, entre ellos se destaca Casa Kolacho[7] y Agroarte, que impulsaron diversas actividades culturales, sociales y comunitarias.

Fue idea de Agroarte (2014) invitar a algunos artistas a pintar el cementerio La América, sin tener en ese momento referente alguno, se convirtió en el primer cementerio pintado de Latinoamérica[8]. No obstante, este proceso fue elaborado gradualmente para tantear la aceptación de la comunidad:

---

6 El levantamiento fotográfico del cementerio contó con el acompañamiento de la policía al inicio de sus actividades y con varias rondas de los patrulleros para garantizar la seguridad del equipo.

7 Este nombre es reciente de acuerdo con el artista y líder Ciro: nos fundamos en 2013 como casa kolacho antes de eso nos llamábamos la ÉLITE HIP-HOP.

8 Entrevista con Jomag, artista urbano que ha acompañado el proyecto y que ha realizado varios murales.

IMAGEN 21
FRENTE DEL CEMENTERIO LA AMÉRICA EN LA COMUNA 13

Fuente: foto equipo investigador.

comenzaron pintando el mural de enfrente, para ir paso a paso adentrándose a otros lugares y elaborar un proceso de memoria con los encargados del panteón y las personas de la Comuna 13. Según Jomag, artista de la zona:

> La fachada del cementerio se ha cambiado tres veces, la primera vez fue sobre el tema de la siembra, una analogía de planta y persona, en ese tiempo no había una investigación tan profunda y fue lo que nosotros creímos, algo más intuitivo, pero hubo una aceptación, las personas realmente cambiaron la perspectiva del cementerio, sabemos que es un lugar para llorar la muerte, pero al final, es necesario también para nosotros crear un espacio para dignificar la vida.

Las personas que intervienen en el cementerio buscan enfocar la predisposición que tenemos los seres humanos al entrar en lugares considerados sagrados, de manera que la contemplación de los murales fuera distinta y significativa, y así pudieran promoverse otras reflexiones. Por ejemplo, en el 2016 se intervino el tema de la siembra, luego el tema del agro y ahora

IMAGEN 22
ESPACIO DEL ÁRBOL EN EL CEMENTERIO LAS AMÉRICAS, COMUNA 13 EN MEDELLÍN

Fuente: foto equipo investigador.

están los retratos de tres mujeres buscadoras: Fabiola Lalinde, Teresa y Luz Helena Gómez. En palabras de Jomag: "Estos murales fueron hechos para homenajear a esa búsqueda, esas vidas que ya no están" (Comunicación personal, 2021). Así, en los murales se retratan diversos aspectos de DF, tales como el proceso de búsqueda, la migración, el sufrimiento de las víctimas o la representación del rostro de los propios desaparecidos.

El cementerio tiene otras iniciativas como el árbol de la memoria junto a un espacio de dolor compartido. Los artistas y miembros de colectivos buscan que las personas puedan conversar sobre sus dolores y sus recuerdos en un espacio solemne, pero acogedor.

Todas las intervenciones en este panteón han tenido participación comunitaria, la más reciente exhibe la conmemoración de Orión en cabeza de AgroArte y con integrantes de la Fundación de Mujeres Caminando por la Verdad, la Corporación Libertad y otros agentes comunitarios, quienes realizaron una serie de fotos con mensajes y fotografías de los desaparecidos. A pocos metros de la fachada del cementerio existe un muro de contención

IMAGEN 23
MURO EN EL CEMENTERIO LAS AMÉRICAS,
COMUNA 13 EN MEDELLÍN

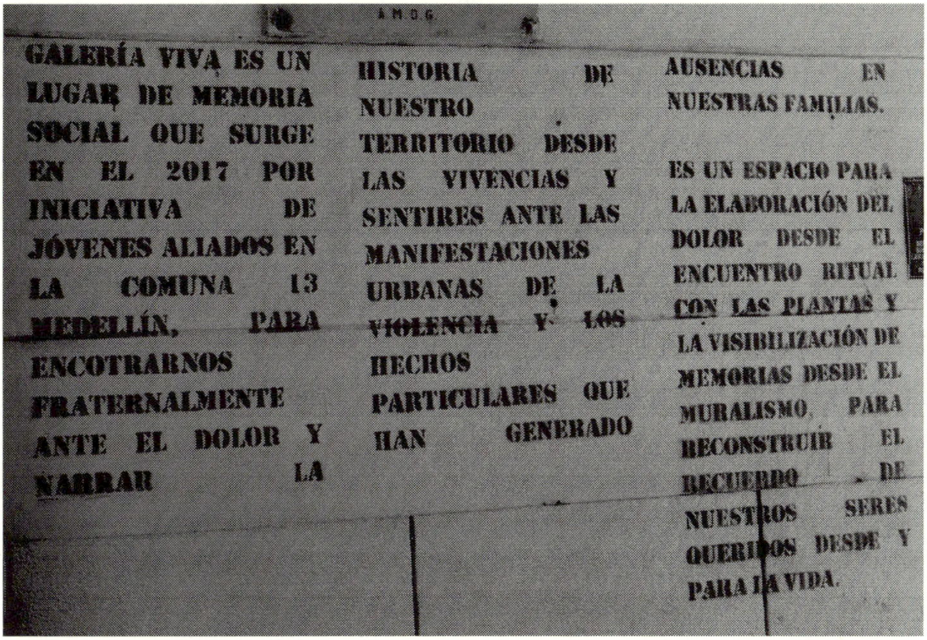

Fuente: foto equipo investigador.

que puede percibirse como parte de una gran intervención del espacio público donde se visualizan los anhelos, las luchas y muchas expresiones de memoria. Al respecto no hay mejor síntesis que la escrita en algunas de las bóvedas internas que dan la entrada al primer piso donde están los osarios.

Esta muestra de cultura material, constituida por 624 tumbas, fue seleccionada por su ubicación, puesto que se encontraba ligada a los muros y a los grafitis, es decir, podía ser leída en el contexto de la expresión cultural urbana y popular. De estas, se percibe un 18 % de Cuerpos No Identificados, que ni siquiera poseían las siglas que los categorizan. Estas lápidas catalogadas como no identificadas no presentan ninguna cultura material que muestre prácticas diferenciadas que estén especialmente enfocadas a la conmemoración, no obstante, están acompañadas de los murales conmemorativos a desaparecidos de la comuna y constituyen un porcentaje importante, puesto que requerirían una investigación más profunda sobre si son nichos efectivamente ocupados por N.N. o espacios susceptibles de uso que no se encuentran demarcados.

Por otra parte, el uso de la iconografía fue exclusivo en los Cuerpos Identificados, y se usó en un 85 % de los casos distribuidos de la siguiente manera: 32 ocasiones fue secular y 470 veces denota creencias religiosas. Estas lápidas, al estar circunscritas con las representaciones artísticas que son socialmente aceptadas e incorporadas en este sitio funerario, podría permitirnos pensar que el uso religioso de la iconografía cumple el rol de fungir como un mecanismo para equilibrarlo. Por su parte, los epitafios son escasos, solo el 15 % los utiliza y, en su mayoría, responden a mensajes seculares.

En síntesis, se puede pensar en el cementerio La América como un lugar que emplea un lenguaje de imágenes, las cuales cuentan dos historias paralelas: la primera es la que transcurre en la calle y sus violencias, donde el rap y el arte son parte de la vida de los jóvenes, donde la figura de las madres como pivote y como buscadoras es fundamental y donde la migración desde las montañas de Antioquia, los pueblos afrodescendientes del Pacífico y los indígenas ha dejado una marca en la simbología y en la historia de la formación de la identidad. La segunda es la de Medellín que acoge a las familias del país en sus barrios populares y les refuerza la tradición católica colombiana, estas figuras no solo funcionan como una exposición de fe, también pueden ser consideradas como elementos espirituales que garantizan el paso al más allá (Giedelmann y Jaimes).

4.3. CEMENTERIO LA DOLOROSA EN PUERTO BERRÍO

> *En Puerto Berrio, Antioquia: "se cansaron de ver los cuerpos flotando sobre el río. Los sacaban del agua, los limpiaban, los enterraban y los adoptaban para pedir favores. Allí, en el cementerio del puerto, hay un pabellón entero con los cadáveres que fueron arrancados de las aguas del río Magdalena (*El Espectador, *2019)". De esta forma, los cementerios son de vital importancia en la tarea de dilucidar lo que el agua, como lugar de despojos, deshechos y desechos, hace en los cuerpos.*
>
> María Ordoñez,
> *Cuerpos en trance. Paisaje, transición y desaparición en Colombia*

La Dolorosa es un cementerio que posee fuertes significaciones sociales para el conglomerado social, en este se perciben duelos individuales y colectivos, así como creencias asociadas a la religiosidad popular potenciada por la devoción a las ánimas del purgatorio.

IMAGEN 24
VASO CON AGUA: MÉTODO PARA SACIAR LA SED DEL PURGATORIO

Fuente: foto equipo investigador.

Es un escenario que convive en un estado de *performance* generado por una confluencia de acciones: escenas funerarias por nuevos decesos e inhumaciones; familiares que visitan el cementerio y las tumbas varias veces al día, y visitantes locales que van a "tomar fresco" en el templete o que poseen una relación de adopción de tumbas con cuerpos no identificados... Y así, una mayoría de estos visitantes son fieles creyentes de las almas del purgatorio, y por ello le ofrecen agua, oraciones y compañía. Es común ver cómo le cambian el agua ofrecida a su alma bendita "para calmar la sed que surge mientras está en el purgatorio".

> Este era mi muchacho, él no falleció por nada malo, murió por una enfermedad —dice la madre, mientras tapa la lápida con una pieza de cartón para evitar el sol

> directo y cambia el contenido de un vaso por agua fría—. Yo vengo todos los días, a veces tres veces al día. Quiero que él tenga agua fresca, porque mire este calor [...]. Su alma debe estar tranquila, era muy bueno. (Ana Delia Serna, comunicación personal, 06 de junio de 2021)

Ponerle un vaso con agua al difunto, es una acción común en Puerto Berrío. Allí, según dice un habitante, pueden llegar a ser más rezanderos a las ánimas que a la misma Virgen. Incluso es de los pocos territorios colombianos que mantiene el ritual del animero, desarrollado en el mes de noviembre.

IMAGEN 25
ANIMERO DE PUERTO BERRÍO, ANTIOQUIA

Fuente: foto equipo investigador[9].

9 El animero es un personaje que se remonta a la época colonial que ha aparecido y desaparecido como religiosidad popular, y que hoy día existe en varios municipios de Antioquía, entre esos Puerto Berrío. Este personaje realiza un ritual en el mes de noviembre, y es visto en otros momentos del año para dar acompañamiento a otros procesos relacionados con las almas; por ejemplo, estas fotos se tomaron el 15 de septiembre entre las 4-6 p. m. cuando la Unidad de Búsqueda de Personas dadas por Desaparecidas (UBPD) iniciaba con una ceremonia en el cementerio su acercamiento a las tumbas de los cuerpos no identificados.

IMAGEN 26
IMÁGENES DE LAS ETIQUETAS

Fuente: foto equipo investigador.

IMAGEN 27
FOTO DEL REVERSO DE UN PANTEÓN

Fuente: foto equipo investigador.

Se cree que un posible atizador/detonador de estas acciones pueda ser la confluencia de este municipio con el río Magdalena y los cuerpos que, hasta hace décadas, encallaron en sus orillas; además de las oleadas de violencia que han sufrido en relación con el conflicto armado colombiano (Gómez y Figueroa, 2019). De esta manera, este cementerio pensado y administrado por la Iglesia Católica, que evidencia manifestaciones heterogéneas individuales y grupales, coloridas y dispares, presenta en un área que modela el croquis de una cruz, con sus varios panteones que se distribuyen desde la A hasta la S, y que posee algunos panteones de caridad como el Q, S y R donde se alojan cuerpos identificados y sin identificar.

Especialmente en este espacio, además de los sellamientos donde se inscriben los nombres y siglas, se ve irrumpido por letreros que rompen la cotidianidad y que recuerdan la existencia de medidas cautelares por parte de la JEP, que han llevado desde el mes de febrero del 2021 la enunciación del proceso mediante avisos de protección y retiro de cadáveres[10].

En este cementerio, se identificó un total aproximado de 5055 cuerpos inhumados, de ellos el 70% corresponden a Cuerpos Identificados y el 30% a Cuerpos No Identificados. De estos últimos, el 16% denota acción de intervención por la JEP y la UBPD a septiembre del 2021.

Los Cuerpos No Identificados son señalados en este espacio bajo la sigla de N.N. y socialmente, aunque sea contradictorio, puede estar bautizado y ser N.N. Angelito, Diana, Raúl, Adolfo o Juancito...

El bautizo de un Cuerpo No Identificado surge de una relación establecida entre el devoto y el ánima; pues esta comunidad percibe al difunto que ha perdido su identidad como un alma en pena, que no puede trascender a los otros espacios del más allá. Quedando esta alma en el espacio terrenal, se le atribuye la posibilidad de intervenir en asuntos extremos entre lo mundano y lo celestial.

Las concertaciones sobre el cómo funciona el establecimiento del acuerdo entre el devoto y el alma suelen ser discretas; no obstante, se pudo reconocer que con cotidianidad están ligadas a la intervención ante una problemática, pudiendo ser solicitudes motivadas por la economía; salud

10 En febrero, marzo y septiembre de 2021 la UBPD intervino los sitios de entierro de N.N. en Puerto Berrío, donde se realizan rituales de adopción por parte de personas particulares quienes cuidan la tumba y realizan rituales de diversa índole que fueron interrumpidas por la UBPD, mientras se adelantaba la recuperación de cuerpos como parte de la misión que le compete.

IMAGEN 28
N.N. BAUTIZADO EN EL CEMENTERIO LA DOLOROSA

Fuente: foto equipo investigador.

mental y emocional; protección, entre otros. Y en menor medida una iniciativa empática de adopción que solo busque acompañar al alma en su pena, aunque es posible rastrear casos en los que el adoptante acoge el alma, en reciprocidad ante un caso cercano de desaparición.

Para generar la relación los devotos escogen el Cuerpo No Identificado e intentan fijarse en que sea uno que no tenga un trato vigente con otro, pues su ocupación podría hacer poca efectiva la intercepción, por tanto, los seleccionan y marcan como si se tratara de una propiedad privada, incluso llegan a referenciarse casos en los que los adoptantes han hecho lápidas para simular el cuerpo como identificado, y con esto diezmar la cantidad de solicitudes generadas.

Entonces, al haberse acordado los términos de la adopción, el devoto genera un pago en oraciones, misas y gestiones por el alma y la tumba, y cuando cumple, el devoto concluye generalmente el trato con la atención física a la tumba: pintándola, llevando velas, agua y flores, o dotándola de una placa conmemorativa.

IMAGEN 29
N.N. ESCOGIDO EN EL CEMENTERIO LA DOLOROSA

Fuente: foto equipo investigador.

En otros casos, la relación con el alma no concluye, puesto que si el favor solicitado no finaliza con una acción inmediata, la adopción puede llegar a durar años o décadas. La comunidad ha llegado a referir la existencia de adopciones que embellecieron las tumbas, bautizaron e incluso trasladaron a osarios, de allí que al día de hoy se solicite que los Cuerpos No Identificados puedan mantener su identidad como No Identificados para que el Estado logre intervenir dichas tumbas y consolidar los hallazgos de Cuerpos No Identificados Reconocidos (CNIR) y finalmente generar entregas de restos a las víctimas indirectas de estos hechos de desaparición.

Ahora bien, la intervención de la UBPD y la JEP, como se podrá intuir, ha sido un proceso difícil para la comunidad devota, razón por la que han tenido el reto de acercarse a la comunidad de manera amable y elocuente,

IMAGEN 30
EJEMPLO DE AGRADECIMIENTOS DE LOS DEVOTOS EN EL CEMENTERIO LA DOLOROSA

Fuente: foto equipo investigador.

IMAGEN 31
CEMENTERIO LA DOLOROSA

Fuente: foto equipo investigador.

con un proceso pedagógico, en búsqueda de que los devotos socialicen dónde han ubicado cuerpos no identificados adoptados y renombrados. La disposición de escucha de los integrantes de las instituciones, la sincretización en eventos entre la religiosidad católica y la popular, así como la puesta en escena de escenarios plurales, han llevado a la minimalización de la irrupción del adhesivo rojo que fija "Prohibido Exhumar. Jurisdicción Especial para la Paz. No Tocar".

Las formas en cómo va ser gestionada la relación entre las animas y los adoptantes después de las exhumaciones, teniendo en cuenta que desde la pandemia la relación entre adoptante y escogido se trasladó dentro de las casas a un plano espiritual es uno de los desafíos de la UBPD que debe motivar investigaciones de la academia y aportes de toda la sociedad.

4.4 JARDÍN CEMENTERIO UNIVERSAL EN MEDELLÍN

En la capital del departamento de Antioquía se localiza el Jardín Cementerio Universal de Medellín, panteón administrado por el municipio que consolida un territorio que enfrenta la realidad de los cementerios colombianos, puesto que en su área alberga un gran número de Cuerpos Identificados y No Identificados. En los primeros, se alcanzan a percibir hundimientos de tierra y adobes con identificación numérica que señala la existencia de cuerpos, dichas áreas han sido restringidas por la JEP razón por la cual este no fue posible estudiarlo. En el caso de los segundos, se distribuyen ampliamente en tumbas de suelo y nichos.

En consecuencia, el análisis de la cultura material se concentró especialmente en los mausoleos, hallando en estos espacios a 820 Cuerpos Identificados; en contraste con 822 Cuerpos No Identificados, los cuales se encontraron principalmente en los mausoleos Municipal, Linotipistas, Policía, Aspenjudas, Conaltec y Ausencias que se Nombran; este último es un espacio memorial creado recientemente para posicionar los restos de personas no identificadas reconocidas, en el momento del registro se encontró un total de 27 cuerpos.

Estas características dinamizan el cementerio y su contenido material, pues, de modo heterogéneo da uso a diversos materiales para construir lápidas, activan conmemoraciones personales y comunitarias, y crean acciones sociales que se condensan en prácticas culturales como la decoración de lápidas sin aparente ocupación.

IMAGEN 32
FOTO DEL MAUSOLEO AUSENCIAS QUE SE NOMBRAN

Fuente: foto equipo investigador.

Lo anterior contrasta con el deterioro generalizado de los monumentos, las zonas prohibidas por las medidas cautelares y la peligrosa tierra hundida, llena de huecos y sin homogeneizar. El Jardín Cementerio Universal ha sido pensado desde siempre como Jardín Cementerio, es decir, como un espacio urbanístico que transmita tranquilidad y sea funcional para el entierro, pero también disfrutable por sus visitantes, como se hace evidente con la presencia de juegos infantiles ubicados dentro del cementerio y en el ingreso de este, las cuales van encaminados en la línea de invitar interacciones diversas entre los visitantes y el espacio.

Estudios previos en jardines cementerios colombianos han mostrado que este tipo de panteón fomenta interacciones más prolongadas y emocionales, donde sus visitantes pueden pasear los perros, caminar, correr y hacer reuniones sentados en la grama (Mejía, 2019), para obtener esa función de parque no solo debe existir un adecuado mantenimiento, sino que en los casos que haya cierto grado de estigmatización debe ser gestionado en función de no comprometer la idea original del espacio.

IMAGEN 33
LÁPIDA DECORADA

Fuente: foto equipo investigador.

Si nos remontamos a los orígenes de los jardines cementerios, se proponían jardines conmemorativos que evocaran un concepto paradisíaco en el mundo real (Etlin, 1984). De igual manera, los urbanistas franceses estaban también inspirados en el movimiento de los cementerios rurales que fue creciendo desde principios del siglo XVII en países anglosajones (Etlin, 1984; Smith, 2022; Harvey, 1975; Morris, 1997; Schuyler, 1984). Los parque-cementerios vienen de los cementerios jardín (*cemetery garden*) que son construcciones conmemorativas que se oponían a los cementerios urbanos, constituyendo entierros —generalmente secundarios— en los cuales las tumbas hacían parte del paisaje de jardín de las casas. En este sentido, el movimiento rural es precursor de una idea de descanso eterno burguesa, la cual podía permitirse una extensión de tierra suficiente para un jardín y un cementerio, en un momento en el cual la mayoría de los entierros eran realizados en cementerios dispuestos alrededor de una iglesia, *churchyards*.

IMAGEN 34
FOTOS DE LOS JUEGOS DENTRO DEL JCU

Fuente: foto equipo investigador.

En respuesta a ese concepto original, el jardín cementerio está perdiendo cada vez más su cualidad de jardín, sentarse en sus pastos y observar sus monumentos, nos propone el contraste del minimalismo y la arquitectura del maestro Pedro Nel, con la decadencia de mausoleos que caen a pedazos al lado de un gran horno crematorio a la vista, creado para la cremación de los cuerpos de la pandemia de la covid-19. Las visitas cuando no son guiadas por el personal comprometido y dedicado de la Alcaldía de Medellín, que ayuda en la gestión del cementerio, son vigiladas por agentes de seguridad que siguen puntualmente las limitaciones de la JEP y no están capacitados para respetar las disposiciones que se establecen sobre la protección del espacio funerario en función de sus prácticas.

En sus condiciones actuales, tal vez nos dé una idea del más allá que en Colombia va moldeando los poderes legales, paralegales y la sociedad civil. Estamos en algún lugar intermedio entre el jardín del Edén minimalista de Pedro Nel y la roída catacumba francesa que guarda las cabezas de las guerras y la revolución.

A pesar de los esfuerzos del Estado para visibilizar la entrega de restos y las actividades que orienta la Alcaldía de Medellín por medio del mausoleo

"Ausencias que se nombran", investigaciones anteriores han identificado que este espacio no es muy atractivo para las víctimas indirectas. De hecho, se encuentran más acciones de intervención en otros espacios del cementerio, incluso en lápidas de difuntos "normales" que en los mismos lugares destinados para la conmemoración (Quintero, Gómez y Giedelman, 2022). Esto deja al aire varias interpretaciones que pueden orientarse a la relación con la idea de espacios sustitutos que las disposiciones estatales no logran reflejar mediante el velo de legalidad con las cuales se asocia el mausoleo o la preferencia que sienten dichas personas por honrar a sus seres desaparecidos de maneras más "naturales/familiares" que les significan otras tumbas con restos. Lo que sí es evidente, es la necesidad de sacralizar sus acciones como suerte de ritual de despedida o contacto para seguir en la búsqueda.

CONCLUSIONES

Los cementerios son escenarios propicios para el desenvolvimiento de varios procesos en relación a la DF. Si bien son los sitios de búsqueda para la identificación de cuerpos, dicho rol trasciende la función jurídica y estatal —como sucede en el Jardín Cementerio Universal y cementerio de La Dolorosa— para constituirse en portales que dotan de vida social al No Identificado y que en ocasiones elaboran con ellos procesos de duelo y memoria.

Una población religiosa que mimetice el catolicismo institucional con el popular en la creencia a las ánimas puede otorgar poderes sobrenaturales a dicha intercepción y lograr así llevar a los difuntos al mundo de los vivos, otorgándoles nombres e incluso apellidos, con los cuales son bautizados, cuidados y encomendados; viviendo con ellos un *duelo social*. Este puede adoptar varios canales: una se hace mediante la adopción de lápidas de Cuerpos No Identificados a partir de los cuales se reconstruye otra persona —el ser querido ausente o desaparecido— que en un lugar como Puerto Berrío, azotado por la violencia que las aguas de su río recordaban diariamente, hace de sus habitantes personas sensibles a la necesidad de dar santa sepultura, de ayudar a los cadáveres insepultos a incorporarse en el más allá y, desde su creencias y prácticas, dar identidad a estos seres liminales que de otra manera desaparecerían del todo, material e inmaterialmente, la suerte del total exterminio. En esa lógica, el cementerio es un *espacio sustituto* para la sacralización requerida en los rituales, es bajo el ritual que *el despojo se humaniza y humaniza a quienes participan*. La posibilidad de fijar la memoria en un dispositivo físico, en un lugar; es una forma de resiliencia para no anestesiarse ante los vejámenes de la violencia. Por otro lado, las expresiones artísticas con sus lógicas y lenguajes, establecen los lazos de empatía y sensibilidad. La Comuna 13 es un ejemplo destacado donde los Cuerpos No Identificados son integrados en una estética que desvela el sufrimiento de los familiares que buscan, no es por azar que los primeros murales se hicieran en el panteón, su potente carga simbólica predispone hacia una mayor apertura detonando la empatía en cada uno de los visitantes.

Ahora bien, no hay que olvidar que los mecanismos de exterminio también tienen otros efectos, generando *paisajes de la ausencia*, tal como parece acontecer en San José de Nus. El hecho de no encontrar huellas, no necesariamente niega o resuelve la pérdida. Por ejemplo, diversas expresiones artísticas sobre desaparecidos en el mundo, representan al ser ausente mediante la exhibición de su ropa u objetos personales, haciendo alusión directa a la no-corporalidad, al vacío y al vínculo del objeto con el sujeto (Triquell, 2018); puesto que son esos vestidos y objetos los que eran usados por alguien, ese alguien que ya no está. Esta figura metafórica funciona similar con el paisaje, el mismo que contiene tumbas clandestinas ocultas en sus entrañas, el agente que fue testigo de las acciones violentas se encuentra incompleto y, en medio de su incompletitud, niega la posibilidad de la reconstrucción de los hechos (Culp, 2019). Incluso en lugares donde se ha invisibilizado la barbarie, los rituales son importantes para sacralizar las pérdidas ambiguas, a pesar de que los dolientes se enfrentan ante la negación de la materialidad, siempre debe orientarse un camino hacia la transformación para los difuntos ante la incorporación simbólica en otro lugar, y para los deudos hacia la resignificación que lleve paulatinamente a tramitar su pérdida.

> Podemos presumir que existen relaciones entre el número de personas que han sido enterradas como no identificadas y quienes han sido desaparecidas forzosamente en el país. El traslado de las víctimas de un lugar a otro, quizá alejado de aquel en que las familias realizan la búsqueda, supone dificultades para el hallazgo e identificación de los cuerpos de quienes fueron asesinados mientras se encontraban desaparecidos, por lo que estas víctimas han sido enterradas sin identificación. Esta situación plantea un panorama en que no solo hay dolientes sin conocimiento sobre los cuerpos de sus familiares, sino también cuerpos que, ocupando una tumba como no identificados, no han sido reconocidos como víctimas de desaparición forzada. (CNMH, 2016, p. 253)

REFERENCIA

Ariza, H. y Gutiérrez, M. (2018). Las familias como víctimas de la desaparición forzada de personas: Sus implicaciones jurídicas y psicológicas. En B. Londoño y L. Peralta (eds.), *La voz de las víctimas: Reto para la academia ante el posconflicto* (pp. 65-96). Editorial Universidad del Rosario. https://doi.org/10.2307/j.ctvc5pf8w.7

Centro Nacional de Memoria Histórica. (2016). *Hasta encontrarlos. El drama de la desaparición forzada en Colombia*. CNMH.

Colombo, P. (2019). Topografías de la memoria: (Des)Habitar: La inscripción espacial de la desaparición forzada en la casa. *Kamchatka. Revista de Análisis Cultural*, *13*, 319-340. DOI: 10.7203/KAM.13.12985

Delacroix, D. (2020). La presencia de la ausencia. Hacia una antropología de la vida póstuma de los desaparecidos en el Perú. *ÍCONOS Revista de Ciencias Sociales*, *XXIV*(67), 61-74.

Culp, E. (2019). Landscapes of Disapperence. *Performance Research. A Journal of the Performing Arts*, 24, Issue 7, 16-21. https://doi.org/10.1080/13528165.2019.17 17860

Etlin, R. (1984). Père Lachaise and the garden cemetery. *The Journal of Garden History*, *4*(3), 211-222. DOI: 10.1080/01445170.1984.10444096

Figueroa-Salamanca, H. H. y Gómez-Sepúlveda, C. L. (2019). "No olvidemos a los muertos". Animero y violencia en Puerto Berrío, Antioquia (Colombia). *Revista CS*, *28*, 125-151. https://doi.org/10.18046/recs.i28.3328

Fourner, C., Garibian, S., Shute, J., Taccoen, M., Dreyfus, J.M., van Pelt, R., Eltringham, N., Guillou, A.I. y Anstett, E. (2013). *Cadáveres impensables, cadáveres impensados. El tratamiento de los cuerpos en las violencias de masa y los genocidios*. Centro Interdisciplinario para el estudio de Políticas Públicas (Ciepp).

Gennep, A. (1960). *The rites of passage*. Routledge.

Garrad-Burnett, V. (2015). Living with ghosts: Death, exhumation, and reburial among the Maya in Guatemala. *Latin American Perspectives*, *42*(3), 180-192.

Gómez, L. y Figueroa, H. (2019). No olvidemos a los muertos. Animero y violencia en Puerto Berrío, Antioquia (Colombia). *CS*, (28). DOI: https://doi.org/10.18046/recs.i28.3328

Guglielmucci, A. (2012). La construcción social de los espacios para la memoria sobre el terrorismo de Estado en Argentina como lugares de memoria auténtica. *Sociedade e Cultura*, *14*(2), 321-332.

Guglielmucci, A. (2018). Pensar y actuar en red: los lugares de memoria en Colombia. *Aletheia*, *8*(16), 0-31.

Harvey, J. (1975). The garden history society. *Garden History*, *28*(1), 102-116. http://rbedrosian.com/Gardens/Garden_Hist_Moorish_Harvey01.pdf

Jaimes, L., López, H. y Mendoza, L. (2020). El arte de recordar: La (im)posibilidad del ejercicio político de la memoria en espacios públicos. Caso de las leyes de impunidad de Argentina. En J. Falconi, L. Mendoza y J. Sierra (eds.)., *Reparación simbólica: Cultura y arte para nueve casos de violaciones de los derechos humanos* (pp. 59-96). Universidad Externado de Colombia.

Jean, M. (2017). Los alcances del arte en la elaboración de acontecimientos traumáticos. Una mirada desde los estudios de memoria. *Cuadernos, 92. Centro de Estudios en Diseño y Comunicación* (2020/2021): 127-143.

Klaufus, C. (2016). "The dead are killing the living": Spatial justice, funerary services, and cemetery land use in urban Colombia. *Habitat International*, *54*, 74-79. http://doi.org/10.1016/j.habitatint.2015.11.032

Lefebvre, H. (1991). *The production of space* (D. Nicholson-Smith, Trans.). Blackwell Publishing.

Mirto, G., Robin, S., Horsti, K., Prickett, P., Ruiz-Verduzco, D. y Toom, V. (2021). *Mourning Missing Migrants Ambiguous Loss and the Grief of Strangers. Border Death. Causes, Dynamics and Consequences of Migration-related Mortality*. Amsterdam University Press. DOI: 10.5117/9789463722322_CH05

Moncada, J. J. (2008). Un diagnóstico sobre cadáveres sin identificar (nn) producto del conflicto armado, registrados e inhumados en cementerios del oriente antioqueño. *AGO.USB*, *9*(1), 69-83

Mejía, H. (2019). *Descripción de personificación en narrativas y representaciones sociales en cementerios de Bucaramanga*. Tesis de Maestría en Psicología, Universidad Pontificia Bolivariana.

Méndez, P. (2003). Sitios de memoria El recuerdo que permite olvidar. *Reflexión*, *30*, 4-8.

Molina, D. E. (2013). *Tumbas de indignos: Cementerios no católicos en Colombia 1825-1991* (Unpublished Ph. D. thesis). Universidad Nacional de Colombia.

Morris, M. S. (1997). Gardens 'for ever england': Landscape, identity and the first world war british cemeteries on the western front. *Cultural Geographies (Formerly Ecumene)*, *4*(4), 410-434. https://doi.org/10.1177/147447409700400403

Nieto, J. (2020). Insepulto. *Hacemos memoria*. https://hacemosmemoria.org/2020/09/03/insepulto/

Numpaque, J. (2019). Desparecidos, peregrinos y cementerios: Espacios y prácticas de la memoria en Colombia. *Antípoda. Revista de Antropología y Arqueología*, *37*, 163-196. http://doi.org/10.7440/antipoda37.2019.08

Ordoñez, M. (2020). Cuerpos en trance. Paisaje, transición y desaparición en Colombia. *Papeles del CEIC*, *1*, papel 227, 1-27. https://dx.doi.org/10.1387/pceic.21061

Quintero, P., Gómez, L. y Giedelmann, M. (2022). Y yo..., ¿a quién lloro? Manifestaciones de duelo en el Jardín Cementerio Universal de Medellín, Colombia. Antípoda. *Revista de Antropología y Arqueología*, (46), 204-234. https://doi.org/10.7440/antipoda46.2022.09

Ramírez, R. (2014). Lugares de memoria y luchas por la territorialidad: apuntes sobre experiencias del campesinado en Montes de María y Magdalena Medio. *Ciudad Paz-Ando*, *6*(2), 136. https://doi.org/10.14483/udistrital.jour.cpaz.2013.2.a08

Riaño, P. (2000). La memoria viva de las muertes. Lugares e identidades juveniles en Medellín. *Revistas UNAL*, 41, 40-59.

Robledo, C. (2020). Necrogeografía de la guerra entre los panteones y las fosas de Sinaloa. *Historia y Grafía*, año 28, (56), 171-194.

Roigé, X. (2017). De monumentos de piedra a patrimonio inmaterial. Estrategias políticas, museológicas y museográficas de presentación de la memoria. En *Lugares de memoria traumática: representaciones museográficas de conflictos políticos y armados* (pp. 71-98).

Rugg, J. (2000). Defining the place of burial: What makes a cemetery a cemetery? *Mortality*, *5*, 259-275. http://doi.org/10.1080/713686011.

Scaramucci, M. (2020). Monumentos precários: luto (im)possível e lápides de papel em k.: relato de uma busca. *Estudos de Literatura Brasileira Contemporânea*, (60), 1-14. DOI: http://dx.doi.org/10.1590/2316-4018602

Schuyler, D. (1984). The evolution of the Anglo-American rural cemetery: Landscape architecture as social and cultural history. *The Journal of Garden History*, *4*(3), 291-304. DOI: 10.1080/01445170.1984.10444100

Smith, J. (2022). The rural cemetery movement: The origins of cemeteries like yours. *Documents*, 2-14.

Triquell, A. (2018). Those who are no Longer: Photographic image and representation of women's absence(s) in Mayra Martell Ensayo de la Identidad at Ciudad Juarez. *Photographies*, *11*(1). 57-72. DOI: 10.1080/17540763.2017.1399291

Vivanco, L. (2018). Tres veces muertos: Narrativas para la justicia y la reparación de la violencia simbólica en Perú. *Revista Chilena de Literatura*, (97), 127-152.

Wilson, K. (2013). Reenchanting Memorial Landscapes: Lessons from the Roadside. *Landscape Journal*, *32*(1), 35-50.

CAPÍTULO CUARTO

LA EMANCIPACIÓN ESTÉTICA EN LA PRÁCTICA: TEJIENDO REDES ENTRE INVESTIGACIÓN, TRABAJO DE CAMPO, ANÁLISIS DE OBRAS Y PRÁCTICAS CULTURALES

LAURA FERNANDA JAIMES ALVARADO*
ARIET CASTILLO FERNÁNDEZ**
SARA DEL MAR CASTIBLANCO***

SUMARIO

Introducción. 1. Implicaciones de la traducción de las Sentencias de Bloque Metro y Cacique Nutibara. 2. Trabajo de campo: Medellín y Puerto Berrío como lugares de activismo, resistencia y tensión. El pasado en el presente. 3. Selección de obras y prácticas culturales, una tarea inconclusa. 4. Conclusiones.

INTRODUCCIÓN

El arte como forma de mediación, la resistencia como generadora de empatía y para la resignificación de experiencias traumáticas y como medio hacia la transformación han sido abordados por diversos autores clásicos. El arte como forma de mediación, la resistencia como generadora de empatía para la resignificación de experiencias traumáticas y como

* Ph. D. en Fisiología de la Universidad Federal de Minas Gerais Brasil, magíster en Neurociencias de la misma universidad, psicóloga de la Universidad Pontifica Bolivariana de Bucaramanga. Contacto: Lauferjaimes@gmail.com

** Doctoranda en Estudios Migratorios, graduada y máster de Antropología Social, Licenciada Publicidad y RRPP, investigadora, profesora. Universidad de Granada España. Contacto: aricasfer3@gmail.com y arietcastillo@ugr.es.

*** M. A. en Cultural Property Protection in Crisis Response de la Universidad de Turín, Italia. Experta profesional en Humanidades Digitales de la Universidad Nacional a Distancia de España. Conservadora y restauradora de bienes muebles de la Facultad de Estudios de Patrimonio Cultural en la Universidad Externado de Colombia y docente investigadora en la misma facultad. Con conocimiento en métodos para la documentación, valoración y gestión del patrimonio cultural, experiencia particular en conservación preventiva y gestión de riesgos para patrimonio bibliográfico y documental. Investigadora en temas como las relaciones entre el arte, el derecho, la cultura y el conflicto. Contacto: sara.castiblanco@uexternado.edu.co.

medio hacia la transformación han sido abordados por diversos autores clásicos. En ese sentido, y con el fin de construir un marco conceptual, se han desarrollado nociones de emancipación estética teniendo como precedente los procesos de justicia transicional en Colombia como el proceso de Justicia y Paz[1].

El término *emancipación* tiene diversas connotaciones que van desde el derecho civil hasta la propia visión kantiana de autonomía (Andreassi Cieri, 2015). En términos generales, cuando se habla de emancipación se está designando una especie de "liberación", es decir, se libra de algo o se es libre para algo. En ese sentido, la emancipación estética del Estado se refiere, de forma general, a la traducción sensible de las actividades relacionadas con el Estado, particularmente del poder judicial, lo que significa liberarse del lenguaje jurídico técnico (véase capítulo 1) o en otras palabras "consiste en recurrir a la interdisciplinariedad del arte para sustraer a aquel y hacer accesibles al conglomerado social herramientas propias del derecho" (Sierra, 2018).

La realización de la emancipación estética del Estado está atravesada por los conceptos de *litigio estético* y *litigio artístico*, como formas en las cuales víctimas y artistas expresan su disenso alrededor de determinados aspectos, hechos, derechos y acciones. Estas particularidades son fundamentales como punto de partida para entender el ejercicio elaborado del proyecto Memorias de Ausencia desde las Sentencias Judiciales, pero se han expandido en dos sentidos fundamentales: en el primero, se toman las ideas de Jacques Rancière sobre la emancipación y el litigio para realizar una aplicación conceptual y metodológica distinta. En el segundo, se explora y analiza la cultura, con un foco en las prácticas culturales asociadas a sitios funerarios, donde es posible ver narrativas, procesos y relaciones de un delito asociado con la tensión entre la ausencia del cuerpo y sus rituales y las necesidades sociales y culturales.

En referencia al pensamiento de Rancière, la emancipación trasciende el proceso de solo liberación, es decir, no puede entenderse la emancipación estética como el despojo del tecnicismo jurídico, en la medida que el litigio es la expresión del disenso de un grupo que no ha tenido la

1 Para ver de forma resumida las nociones del concepto de *emancipación estética* recomendamos remitirse al apartado de dicho nombre en la introducción del presente libro y animamos a los lectores a consultar la bibliografía utilizada en ese apartado.

palabra en el plano político[2] (Muñoz, 2006). En particular, utilizando el arte y la cultura como una forma de realizar ese proceso. En este sentido, la emancipación no es una traducción, pues no promueve el mismo mensaje en otras formas de expresión[3] y requiere de la interpelación, la cual puede retomar la verdad judicial, pero no limitarse a esta[4]. En palabras de Infante del Rosal (2017):

> La emancipación a la que se refiere Rancière tiene que ver con la asimilación crítica del marco sensible y con los modos de enriquecer o transformar tal marco sensible. Emancipación ya no es, como hemos visto, el curso hacia la libertad, sino disenso, extraterritorialidad y distorsión [...]. Lo que se reconoce en el momento de la emancipación no es la supuesta propiedad del arte ni la extensión de su carne en lo nuevo; se reconoce que las oposiciones que están en juego pertenecen a la estructura de la dominación y de la sujeción, que son "alegorías encarnadas de la desigualdad". Además, tal emancipación no se produce en las actitudes extremas; antes bien, "Es un fenómeno que se desarrolla en los espacios intersticiales: los espacios del tiempo dividido y los de las fronteras inciertas entre los modos de vida y las culturas" (Infante del Rosal, 2017, p. 79)

Desde esta perspectiva es posible repensar la emancipación estética conceptualmente como la construcción de marcos sensibles, enriquecidos y disruptivos en los cuales el disenso debe ser protagonista. Emancipar implica la apertura a múltiples mundos de experiencia y varios tiempos a la vez, así, la emancipación es el ejercicio de redefinición de lo posible, donde pueden escenificarse el consenso y el disenso en diálogo, conflicto, oposición o convergencia (Capasso, 2018).

En este sentido, la investigación toma distancia de las ideas de Sierra (2018; 2020), pues en la aplicación de los conceptos, el desarrollo del trabajo

---

2 De acuerdo con Muñoz (2006), la idea de litigio es fundamental en el pensamiento de Rancière quien concibe que dentro el litigio es una parte fundamental de la política que implica "una parte de la comunidad que no está autorizada a hablar, usurpa la palabra para demostrar que se la han negado, de que no tienen parte, constituyendo un escenario común a partir de ese litigio".

3 No puede restringirse a ello, pues el litigio implica exigir y discrepar.

4 De acuerdo con Rancière, lo político se opone al *status quo*, a lo cual llama *de policía* (police), es decir, la *police* es el Estado, en cuanto la política es todo aquello que busca la ruptura de la configuración de lo sensible (Jaimes, López y Mendoza, 2020). Cabe resaltar, que para Rancière, lo político no puede ser entendido en un plano exclusivo del orden social, pues se produce al romper cualquier orden de dominación generando una reacomodación de los lugares que son ocupados y de las cosas que están permitidas ser, hablar, sentir y decir (Rancière,1996).

y la reflexión teórica se percibe que su concepto de *emancipación* es limitado y que las ideas de Rancière pueden servir de soporte para una expansión conceptual de la emancipación estética, entendiéndola como un proceso que no es reproductivo, sino reconstructivo y propositivo.

En cuanto, al proceso de recopilación de prácticas culturales y obras artísticas, previamente, otros autores ya han hecho énfasis en la muestra o utilización de los objetos de los desparecidos como dispositivos de memoria para recordar (González, 2013; Márquez, 2016) o formas para la elaboración de la experiencia traumática (Gatti, 2011). El proceso realizado permitió observar estas y otras funcionalidades adicionales del arte y la cultura.

El aporte de Memorias de Ausencia desde las Sentencias Judiciales recae en la aproximación metodológica y práctica que llevó a la emancipación estética del lenguaje jurídico de dos sentencias específicas (véase capítulo 2), a partir de un ejercicio cercano y constante con víctimas, organizaciones de víctimas e instituciones asociadas al tema de desaparición forzada se permitió ver tensiones, contradicciones, la confrontación con situaciones que trascendieron el ámbito de lo estético y lo poético y que implican abrir otras reflexiones y tareas aportando a las teorías ya elaboradas y ampliamente trabajadas.

Así la emancipación incluyó las tensiones y denuncias de los litigios, valorizando las voces de víctimas y artistas, involucrando todos los actores en proceso de creación, reflexionando sobre la cultura material funeraria y sus posibilidades (véase capítulo 3), incluyendo los abordajes de análisis individual de la obra de artistas y, finalmente, integrarlo todo en un espacio unificado e interrelacionado que busca una red entre todo el proceso.

Para conseguir dar una visión general del proceso de emancipación estética el texto se divide en dos partes: una primera parte en la cual se describe las implicaciones de la traducción de las sentencias a partir de las herramientas técnicas que se usaron en el análisis de fuentes documentales y, una segunda parte, enfocada en el trabajo de campo realizado, donde se muestran los procesos de incorporación, valoración y análisis alrededor de las obras, las organizaciones y otro. Finalmente, una tercera parte, donde se discuten los procesos de emancipación y los pasos en los que se realizó la presente investigación.

1. IMPLICACIONES DE LA TRADUCCIÓN DE LAS SENTENCIAS DE BLOQUE METRO Y CACIQUE NUTIBARA: SOBRE LA MEDIACIÓN ENTRE EL LENGUAJE JURÍDICO, EL POÉTICO Y EL ESTÉTICO

1.1 CATEGORÍAS DE ANÁLISIS PROCESAMIENTO EN ATLAS.TI

El proceso metodológico tuvo como base la lectura detallada de las sentencias judiciales y la obtención de categorías de análisis. La herramienta de procesamiento de información cualitativa Atlias.Ti funcionó para detectar en estos textos judiciales situaciones comunes, párrafos relevantes, temáticas predominantes, entre otros aspectos. Definir los lugares de captura y los traslados de la desaparición forzada, identificar fechas específicas en el tiempo, diferenciar los testimonios de los postulados y de las víctimas, identificar los patrones de actuación e incluso detectar claramente las medidas de reparación integral fueron algunos de los primeros elementos que se empezaron a diferenciar en los textos jurídicos.

Ronald Dworkin (2014) explica que el derecho, como una narrativa susceptible de interpretación, podría llegar a ser comprendido como un género literario. Esta afirmación cobró sentido cuando, frente a la lectura de las sentencias y reflexionando sobre el cómo podrían ser llevadas a un lenguaje más sensible, se empezaron a analizar en categorías que simbólicamente podrían ser equiparables o asociables a otro tipo de representaciones. Un ejemplo de ello es que, tanto en la Sentencia Bloque Metro como en la Sentencia Bloque Cacique Nutibara, se hace alusión al transporte tanto urbano como rural. En el caso urbano se mencionan taxis y taxistas como frecuentes testigos o víctimas de la desaparición; mientras que en el tema rural aparece el caso de un transportador de alimentos como acusado de pertenecer a la guerrilla y, por tanto, es asesinado por el grupo paramilitar.

Continuando con la idea, el hecho de hacer líneas de tiempo, cartografías, resúmenes y relaciones con las sentencias judiciales permitió explorarlas desde un pensamiento simbólico y estético (Sierra-Camargo, 2014). Sin embargo, trascendiendo la obra plástica del arte y en la medida en que se realizaron entrevistas, observación participante en eventos y seguimiento a prácticas culturales, por ejemplo, las asociadas a los rituales de muerte y duelo, se empezaron a entretejer otras posibles relaciones con los textos jurídicos.

Otro momento que permitió analizar la sentencia en sí como una unidad simbólica fue la lectura en voz alta de fragmentos frente a instituciones de memoria, academia y colectivos de víctimas. En el taller de cocreación realizado en la ciudad de Medellín (véase capítulo 3 para más información) se había seleccionado fragmentos de ambas sentencias judiciales y se hicieron grupos de lectura en voz alta. En este ejercicio una de las víctimas líderes preguntó si habíamos seleccionado el fragmento de la sentencia directamente para ella porque sentía que estaba completamente asociado al caso de la desaparición forzada de su hijo, sin embargo, la selección y entrega de los fragmentos había sido aleatoria.

La reflexión que hace García (2012) sobre el rol de la literatura o la lectura en ese sentido reafirma la importancia del ejercicio académico de fragmentar, "desmenuzar" apartados, encontrar temáticas relevantes y específicas, pero sobre todo de la posibilidad de lectura en voz alta de manera colectiva, pues si la literatura y el arte son el único sustituto de la experiencia para entender el drama humano y silenciado de los desaparecidos, la lectura de investigadores y distintos actores es necesaria para empatizar con esa experiencia y hacerla también nuestra historia[5].

Aunque García (2012) hace referencia a libros, los análisis de contenido[6] y todo el proceso de lectura y relectura de las sentencias permitió al Proyecto Memorias de Ausencia descomponer estos textos jurídicos y narraciones en textos cortos que se pudieran compartir bajo la lógica de que la lectura en voz alta tiene la capacidad de involucrar y transformar a quienes rodean el escenario, pues:

> Leer es en un sentido amplio develar un secreto, el secreto puede estar cifrado en imágenes, en palabras, en trozos privilegiados de ese continuum que llamamos "realidad". Se lee cuando se develan los signos, los símbolos, los indicios [...] El que lee llega al secreto cuando el texto le dice. Y el texto si le dice, entonces lo modifica. (Montes, 2017)

---

5 *Revista Colombiana de Educación*, n.º 62. Primer semestre de 2012, Bogotá, Colombia.

6 Para más información el lector puede ir al capítulo 3 que detalla la metodología de análisis y al 4 que contiene los aspectos más generales de las providencias judiciales objeto de estudio.

Teniendo en cuenta lo anterior puede decirse que la lectura inicial de la sentencia permitió un tránsito para significar los contenidos, pero existieron otras múltiples lecturas de representación de la desaparición forzada, como las líneas de tiempo, el territorio y la complejidad de abordar el crimen de desaparición forzada en los documentos.

1.2 LÍNEAS DE TIEMPO

Tanto la Sentencia Bloque Metro como en Cacique Nutibara iniciaban con un contexto histórico breve sobre la conformación de las Autodefensas Armadas de Colombia. Temas como la conformación de las guerrillas, el surgimiento de las primeras Convivir en los años 60 y 70, el narcotráfico en los 90, la corresponsabilidad de las Fuerzas Armadas, los entes estatales e incluso el rol de las empresas privadas en la violencia y la desaparición forzada, entre otros temas como las operaciones militares. En estos contextos iniciales fue posible rastrear asociaciones simbólicas con obras, prácticas e incluso actores culturales o institucionales importantes como lo fue el caso del Museo Casa de la Memoria de Medellín al cual se le asignan funciones específicas para la memoria en la Sentencia Bloque Cacique Nutibara.

Uno de los textos que refleja de manera más visible la necesidad de descifrar y revelar los símbolos de este tipo de documentos jurídicos puede citarse de la Sentencia Bloque Cacique Nutibara:

> ¿cómo el régimen político colombiano ha podido conservar una apariencia democrática, a pesar de padecer una de las tragedias humanitarias más graves del mundo en los últimos 30 años y sin lugar a dudas la más grave de América Latina en ese período, superior a las vividas en Argentina y Chile en los años 70? ¿Cómo el gobierno ha podido seguir funcionando con elecciones aparentemente libres, con cambios de presidente y alternación de los partidos, con promulgación y vigencia de las leyes, como cualquier régimen democrático y vivir con las más graves violaciones a los derechos humanos y al derecho internacional humanitario a todo lo largo y ancho de la geografía nacional? ¿Cómo y qué lo hizo posible y qué es necesario reformar para que no vuelva a suceder?

Los "secretos" de la realidad, esos cifrados en imágenes y palabras en este texto judicial que fueron plasmados por artistas, víctimas y colectivos de artistas más adelante en el proyecto y resultaron ser otra forma al leer o apartados de las sentencias. Surgen las preguntas ¿cuál es el siguiente paso?

IMAGEN 35
¿CUÁL ES EL SIGUIENTE PASO?

Fuente: foto equipo investigador.

¿Qué poder buscamos? Y ¿cuántos son muchos? Fueron dos de las reflexiones y ejercicios de cocreación que se derivaron de extraer los apartados.

Existió a lo largo del proyecto una intención cuestionadora por parte de todos los actores, eran constantes las preguntas sobre la sentencia alrededor de las causas de la violencia, el futuro del conflicto, la verdad de los hechos y las memorias emergentes en todos los escenarios y con todas las personas en Medellín y Puerto Berrío, como fue observado en el trabajo de campo.

Es así como desde el ejercicio de convertir en tablas y datos las fechas, contextos y escenarios de las sentencias se empezaron a tejer las primeras relaciones simbólicas del proyecto. Por ejemplo, el caso de La Operación Orión[7], icónica operación militar, es mencionado de manera importante,

---

7 Que es un hito importante de la colaboración entre las Fuerzas Armadas y los paramilitares y que es referenciado en la Sentencia Bloque Metro y Cacique Nutibara, siendo de especial relevancia en esta última por ser codirigida y en ejecutada en conjunto por los miembros del Bloque Cacique Nutibara. Particularmente en esta última se afirma:
"De hecho, como concuerdan todos los investigadores y testigos escuchados por la Sala, después de la operación Orión el Bloque Cacique Nutibara ingresó y se hizo hegemónico en la comuna

IMAGEN 36
¿CUÁNTOS SON MUCHOS?

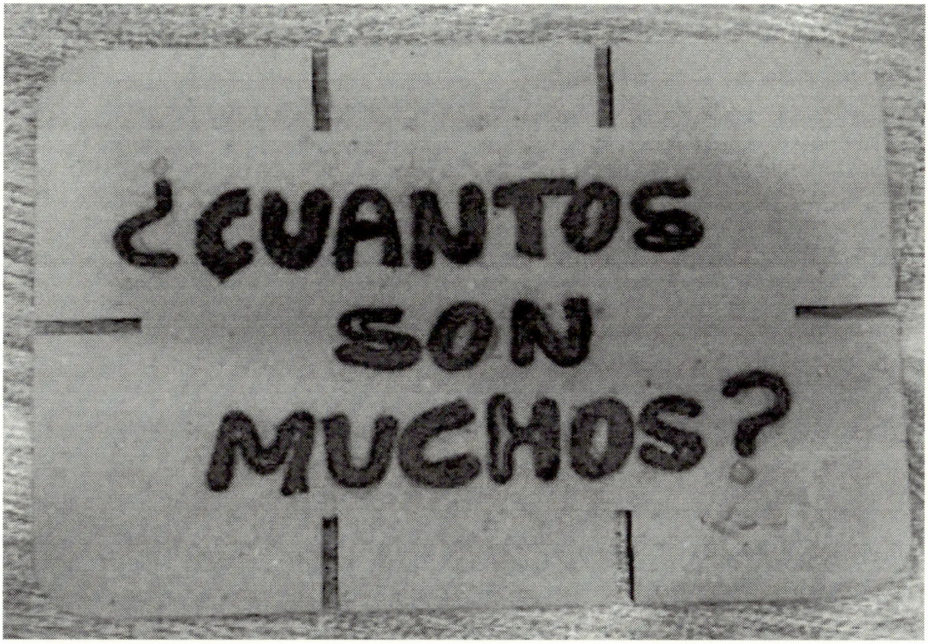

Fuente: foto equipo investigador.

así como la Comuna 13, lugares en los que la producción artística, simbólica y de resistencia es abundante.

En cuanto a la Sentencia de Bloque Metro el contexto profundiza sobre territorios y personajes específicos del paramilitarismo como es el caso de la Hacienda Guacharacas y sobre la cual el artista Carlos Castro Arias tiene una obra, un gobelino, que expone gráficamente los sucesos que se relatan en el texto. Las relaciones obras y sentencias empiezan a tejerse diálogos de significados entre la obra de Arias directamente con citas en ambas sentencias[8].

---

13. Al dominio del Bloque Cacique Nutibara le siguieron las expulsiones, los desplazamientos y las desapariciones forzadas a partir de fines de 2.002 y durante todo el 2.003. Éstas se hacían con listas previamente conformadas por los paramilitares de dicho bloque y de manera selectiva".

8 Este ejercicio se nutrió del antecedente de Amaranto Museo de Derecho Constitucional, proyecto de la Universidad Externado de Colombia, proyecto en el que ya se habían realizado ejercicios de relacionar obras de arte con los artículos de la constitución política colombiana.

Al respecto:

> [...] el 14 de junio de 1983, el 5º Frente de las FARC asesinó al señor Alberto Uribe Sierra, padre de quien años después va a ser elegido Gobernador de Antioquia y presidente de Colombia y negociará con los grupos paramilitares. El hecho, sucedido cuando intentaban secuestrarlo, ocurrió en su Hacienda Guacharacas ubicada en el municipio de San Roque (Antioquia), que después va a constituir el lugar de asentamiento de la convivir El Cóndor y los grupos paramilitares que operaron en dicho municipio, en Maceo y en el corregimiento San José del Nus y eran una misma cosa, como declaró John Fredy González Isaza, conocido como el Rosco, desmovilizado de las AUC [...] (Sentencia Bloque Cacique Nutibara, p. 40)

> [...] Ya como militante este grupo del Frente 'Bernardo López' del ELN, por orden ya de Juan Pablo es donde van y queman, le meten candela a la hacienda 'Guacharaca' y se roban unos animales de allá, entre ellos pues unos caballos, machos y todo, había pues caballos de paso fino... que inclusive había un macho, como decimos nosotros, muy ligero muy bueno y ese macho terminó en manos de Juan Pablo y Juan Pablo patrullaba, andaba por todas esas montañas de esa región en ese macho y eso le causaba mucha soberbia a Álvaro Uribe como Gobernador, viendo que el jefe de la guerrilla del ELN andaba en su macho por allá en esas regiones, por eso se volvió una obsesión de Uribe, del presidente Uribe ayudar a combatir este grupo, como lo he dicho yo; para ese entonces la Gobernación de Antioquia estuvo al servicio de este grupo. El origen de este grupo y la base de este grupo es la hacienda Guacharacas. (Sentencia Bloque Metro, pp.24-25)

Vale la pena anotar que este es un ejercicio preliminar en el que obra y texto se confrontan, sin embargo, ambas unidades estéticas debían ser explicadas y relacionadas para comprender y mediar entre las dos formas de representación de un hecho, lo que se desarrolló más adelante cuando se tuvo un panorama más amplio de obras, prácticas culturales, conmemoraciones individuales y colectivas entre otras experiencias derivadas del trabajo de campo.

1.3 CARTOGRAFÍA DE LAS SENTENCIAS

Otro tema que se pudo trasladar a un lenguaje gráfico y pudo convertirse en cartografía de la desaparición forzada fue la ubicación de muchos de los hechos de desaparición que se narraban en la sentencia. Canchas de futbol, cementerios, lugares destinados a la desaparición, incineración o tortura, pero también algunos lugares donde debía efectuarse una reparación fueron

IMAGEN 37
GUACHARACAS DE CARLOS CASTRO ARIAS

Fuente: suministrada por el autor.

ubicados en Google Earth con citas específicas e incluso se pudieron marcar algunas de las trayectorias frecuentes de la desaparición en lugares como los ríos. La cartografía de estos escenarios permitió acceder de forma visual al paisaje vulnerando de Antioquia que como se ha mencionado también ha sido una víctima importante del conflicto colombiano[9].

Como lo plantea Ordóñez (2020), la desaparición forzada de las personas en Colombia es un fenómeno que se disemina sobre el territorio y hay toda

9 Para ver con mayor profundidad las categorías con las cuales se elaboraron las cartografías revisar el capítulo 3 de este libro.

una serie de lugares en los que se busca, se generan procesos de resistencia y se dan los procesos de convivencia. Adicionalmente, afloran los lugares comunes de la violencia, en el caso específico de las Sentencias Bloque Metro y Cacique Nutibara se pudieron establecer incluso las frecuencias con las que se nombran determinados lugares lo que permitió continuar con el proceso de traducción y representación por medio de otros recursos estéticos.

Un ejemplo claro en este caso, es la posibilidad de generar un diálogo entre el mapa cartografiado de la desaparición forzada y la obra Mapa Roto de Antioquia de Rosemberg Sandoval[10] que reposa en el Museo de Antioquia. Este dibujo hecho con puñal es el reflejo de las ecologías de violencias donde la muerte y su material pueden ser transformadas y transformar el territorio (Ordoñez, 2022).

La Escombrera en Medellín es un claro ejemplo de una ecología compleja; se calcula que es una de las fosas comunes más grandes de Antioquia. La Sentencia Cacique Nutibara permanentemente hace alusión a este espacio como escenario de violencia, pero también como lugar donde debe actuarse para la reparación integral. Las citas fueron vinculadas con una obra que fue elaborada con colaboración del Estado, la placa ordenada por la Sentencia Cacique Nutibara. Este monumento es un símbolo de reconocimiento realizado por la institucionalidad y la justicia de la victimización de las personas a manos de las AUC y que forja la necesidad de recordar a las víctimas de desaparición forzada.

Por un lado, la placa constituye un ejemplo de órdenes fragmentarias, pues dentro de la sentencia se recomendaba la búsqueda de los desaparecidos en el mismo lugar, en La Escombrera y La Arenera y la suspensión del funcionamiento de dichos lugares. Además, se pone la placa como una medida inicial del proceso de reparación inmaterial que debe extenderse a la construcción de un memorial en La Escombrera[11]. Hasta la escritura de

10 "El fundamento de la obra es, básicamente, apuñalar la tierra. Es un dibujo hecho con puñal sobre papel y muestra la cartografía rota del departamento de Antioquia; una geografía imprecisa, no hay nada fijo, es una cartografía inventada y casi desecha. Está fundamentada en los sitios del Nororiente del país que tienen desplazamiento de indígenas hacia otros lugares por efecto del narcotráfico, de los paramilitares o del mismo Estado. Hago una revisión del lugar desde una óptica marginal", Rosemberg Sandoval https://www.facebook.com/museodantioquia/photos/a.156669324372780/2032274643478896

11 De acuerdo con la Sentencia del Bloque Cacique Nutibara "El memorial deberá incluir por los menos 5 elementos que sirvan de símbolo de la memoria de las víctimas y del sufrimiento y reparación de sus familiares: i) un elemento artístico que represente la vida humana y su continuidad

IMAGEN 38
COLLAGE DE MAPAS DE CARTOGRAFÍAS Y MAPA ROTO DE ANTIOQUIA DE ROSEMBERG SANDOVAL

Fuente: suministrada por el autor.

---

o prolongación, pero también la desaparición forzada, el daño que causa y su reparación; ii) un elemento que simbolice los pasos o la huella de los desaparecidos; iii) un muro o panteón con el nombre de todas las víctimas documentadas y/o registradas de desaparición forzada a manos del Bloque Cacique Nutibara y otras estructuras de las Autodefensas Unidas de Colombia u otros grupos armados ilegales; y iv) una escudilla, urna o vasija similar, asociada al nombre, donde los familiares puedan depositar ofrendas a sus seres queridos; v) una placa conmemorativa en la cual el Estado, la Fuerza Pública y la Alcaldía de Medellín exalten la memoria de las víctimas, reconozcan su responsabilidad en su desaparición forzada por acción y/o omisión y su compromiso para que esos hechos no se repitan" (p. 651).

este libro dicho memorial no ha sido realizado, las visitas de campo muestran que La Escombrera se encuentra en funcionamiento pleno, esto aun cuando pesa sobre estas zonas varias medidas cautelares de la JEP.

Por otra parte, esta placa refleja la lucha simbólica que se mantiene en los territorios, pues cuando fue instalada cerca a La Escombrera fue vandalizada, posteriormente fue reubicada en una zona cercana a la iglesia San José del Mirador, donde se tomó la foto de referencia, sin embargo, en ese lugar se acumulaba basura y no existía siquiera un asiento para la conmemoración y volvió a ser vandalizada y destruida antes de finalizar la investigación.

Las víctimas en su mayoría desplazadas de la Comuna 13 consideran la placa un reconocimiento importante como restauración de su honra y buen nombre y como forma de memoria. Los hechos que rodean la placa evidencian la incapacidad del Estado para realizar las intervenciones ordenadas desde el nivel jurídico, de forma completa y su ineficacia en la conservación de las medidas ya realizadas, lo que supone nuevas formas de vulneración de los derechos de las víctimas y evidencia la falta de garantías de no repetición. El Estado también interviene desde su ausencia, pues, donde este falta, la fuerza de los poderes paralelos crece y consiguen desde la violencia eliminar referentes mnemónicos de las víctimas, puestos justamente "para no olvidar, para no olvidarlas"[12]. La Escombrera es uno de esos espacios que mantienen las tensiones y que generan esos procesos de cruce a partir de los cuales pueden establecer conexiones con diversos productos culturales.

Las cartografías permitieron elaborar también un ejercicio importante con la Fundación Caminos de la Esperanza Madres de la Candelaria, colectivo de víctimas que identificó en el mapa de Antioquia los lugares de nacimiento, de desaparición de sus seres queridos, los lugares que reconocen como lugares de conmemoración entre otros. La cartografía realizada refleja lo que la obra de Rosemberg transmite, no hay lugar del territorio Antioqueño por el cual no hayan transitado las víctimas de la desaparición forzada y que no esté consecuentemente afectado por este fenómeno.

Debido a la distribución de la violencia en el país todo el espacio fue ampliamente intervenido por el crimen de desaparición forzada, así "tanto los ríos, como las montañas, las escombreras y los cementerios son elementos de una compleja red de deshechos, vida y fauna (de la muerte) en movimiento,

12 Esta es la frase que está inscrita en la placa.

IMAGEN 39
PLACA CERCA A LA ESCOMBRERA EN LA COMUNA 13

Fuente: foto Cindy Ortiz.

IMAGEN 40
FAMILIARES DE DESAPARECIDOS
CONMEMORANDO EN LA ESCOMBRERA

Fuente: foto equipo investigador.

en la que el espacio-tiempo se traslapa" (Ordóñez, 2020). Ante esta realidad de extrema modificación espacial, la propuesta de creación de espacios distintos de resignificación en los cuales fuera posible dialogar y pensar de forma reflexiva y empática la desaparición forzada narrada por dos sentencias judiciales fue la manera en que la emancipación estética tomó forma.

1.4 COMPLEMENTAR LO YA IDENTIFICADO: PRENSA Y DESAPARICIÓN FORZADA

Metodológicamente se verificó un proceso de revisión documental en la prensa, cuyo objetivo era esencialmente localizar prácticas culturales, obras de arte y actos de conmemoración relacionados con la desaparición forzada. Esta búsqueda que se realizó en los ejemplares con fecha desde el 2015 hasta la actualidad en Google Noticias, el periódico *El Tiempo* y *El Colombiano* no arrojó mayor información en relación con la cantidad de artículos encontrados sobre desaparición forzada en Medellín y Antioquia, *versus* los que hablaban específicamente de estos temas. No obstante, cada uno de los artículos direccionó el proyecto en dos sentidos, en primer lugar, en la identificación de colectivos de víctimas y de arte que trabajaran o realizaran actividades frecuentes en relación con la desaparición forzada y, en segundo lugar, a identificar algunas de las prácticas frecuentes o conmemoraciones, muchas de ellas asociadas al día de las víctimas y al día y semana de la desaparición forzada.

Las obras fueron registradas en el inventario y se detectaron al menos siete productos de este proceso de búsqueda, no todas quedaron en los productos finales del proyecto, pues es importante recordar que cada obra se seleccionó en función de narrar los hechos de las sentencias; sin embargo, se identificó que hay una producción simbólica importante alrededor de este tema, especialmente, en días de conmemoración. Un ejercicio interesante que se deriva de próximas investigaciones podría ser analizar si la desaparición forzada tiene mayor representatividad de manifestaciones u obras que otros tipos de crimen en el contexto colombiano, teniendo en cuenta que inmediatamente genera una serie de prácticas simbólicas y actos de búsqueda que llevan a suplir la ausencia. La búsqueda de prensa contribuyó a la identificación de actores y llevó también a realizar un trabajo en campo más direccionado.

2. TRABAJO DE CAMPO: MEDELLÍN Y PUERTO BERRÍO COMO LUGARES DE ACTIVISMO, RESISTENCIA Y TENSIÓN. EL PASADO EN EL PRESENTE

> La figura del desaparecido no solo es debatida a un nivel jurídico, también desafía las representaciones locales. Tanto los familiares de desparecidos como las habitantes de los pueblos donde se encuentran lugares de entierro clandestino analizan, interpretan y actúan frente a la ruptura de sentido que implica la desaparición de personas y la convivencia con lugares conquistados por una muerte no domesticada. (Delacroix, 2020, p. 62)

Esta afirmación de Delacroix sirve para comprender que además de las entrevistas y los talleres de cocreación el trabajo en Medellín y Puerto Berrío permitió que la investigación generara otras experiencias y situaciones sensibles que evidenciaron la no neutralidad de arte o las prácticas culturales en contextos de violencia. Así como pueden promover la convivencia, la empatía y la comprensión de las leyes, los actos simbólicos pueden desencadenar situaciones críticas cuando el símbolo o la acción afectan el universo simbólico del otro. Una de las situaciones más complejas del proyecto se dio en el taller de cocreación realizado en Puerto Berrío en el que se relata más adelante cómo algunos actores armados amenazan el ejercicio colectivo de elaboración de un mural en el taller. No obstante, y a nivel urbano, también se dieron diferentes momentos de tensión en el espacio público.

Después de abordar el trabajo de campo se enuncian también algunos resultados de las entrevistas y prácticas culturales, los talleres y todos los ejercicios realizados con colectivos y organizaciones de víctimas, los cuales arrojan múltiples evidencias; sin embargo, el objetivo de este apartado está enfocado es mostrar la realización de los procesos de emancipación y comentar desafíos, análisis y conexiones realizadas con cada ejercicio, fuente viva y proceso para llegar a la construcción de relatos, espacios y narrativas que dieran cuenta de todas las vivencias.

2.1. EJERCICIOS COLECTIVOS Y TALLERES DE COCREACIÓN

Durante el proceso de investigación se encontraron manifestaciones colectivas en forma de prácticas culturales, actos de conmemoración, obras colectivas y talleres de creación. Existen múltiples ejemplos de ejercicios colectivos, pues, en general, las organizaciones de víctimas promueven construcciones grupales para diversos tipos de espacios. La mayoría de estos procesos colectivos tiene como particularidad su funcionalidad entorno a las necesidades. En el tejido de las Madres de la Candelaria encontramos qué genera cohesión en el grupo y, además, promueve otras formas de recordación que huyen al estereotipo; *performances* observados como *Los espejos de Orión* buscan la reivindicación de los derechos y la sensibilización de la sociedad en torno al delito de desaparición forzada, pero, además, promueven la unión del grupo y fortalecen la red de apoyo en el proceso de la búsqueda[13].

---

13 En el *performance* que realizaron las Mujeres Caminando por la Verdad en la Comuna 13 hubo momentos en que el tráfico, especialmente dos motos, quería pasar por la calle por las que ellas caminaban. Las motos empezaron a pitar, mientras ellas sin detenerse se tomaron de las manos, la multitud clamó por respeto al acto simbólico y las motos tuvieron que desviarse.

En este caso con los representantes de la mesa de víctimas, líderes de movimientos políticos locales, organizaciones sociales como Xenofilia y el equipo investigador, se preparó todo lo necesario para la creación colectiva de un mural en la Ruta del Color[14], en el barrio El Oasis. El taller tuvo como principal objetivo un espacio de intercambio, pues, en primer lugar, se produjo la presentación de las participantes y su vinculación con el territorio desde narrativas de la memoria, en segundo lugar, se realizó, por parte de una de las investigadoras, una explicación de las sentencias desde un relato animado. El grupo se dividió en cuatro diferentes actores: águilas (víctimas), cóndores (victimarios), lechuzas (jueces) y patos (sociedad civil), para así exponer cómo se construyen las narrativas sociales y jurídicas. A partir del ejercicio pedagógico de cómo funciona una sentencia, se conversó alrededor de algunos ejemplos de emancipación en obras de artistas y víctimas, alrededor de esas discusiones se escogieron las frases y aspectos de diseño del mural[15], es así que la voz de los participantes quedó representada en una iniciativa de paz dentro de un barrio marcado por la violencia y la estigmatización.

El día de la realización del mural los grupos armados locales estaban celebrando en el sitio, consumían drogas y alcohol. Una de las artistas que participaba con algunos de los miembros de Xenofilia vivió un contexto de violencia anterior a la llegada de los participantes de la actividad, fue amenazada e intimidada violentamente, abandonó el barrio y horas después decidió volver para hablar con los actores armados y continuar con el mural.

---

14 Ruta del color: dícese de un recorrido donde se disponen murales realizados, generalmente, por artistas locales. Hasta el momento en el que asistimos al lugar por primera vez, el sábado 30 de abril, en El Oasis, en Puerto Berrío, había seis. El creado el domingo 1.° de mayo fue el séptimo: el mural del color y la memoria. Esta es una iniciativa que surge inspirada en los cambios que ha tenido la Comuna 13 de Medellín con la ruta del Graffiti, como una alternativa de turismo urbano. El mural realizado en el taller fue el séptimo, y se espera que estas actividades puedan cambiar las dinámicas del barrio ofreciendo opciones alternativas de ingresos y puestos de trabajo que no estén vinculados con las economías ilegales del tráfico de drogas. Como nos cuenta una persona implicada y miembro del colectivo Xenofilia, el objetivo de esta iniciativa es reconstruir el barrio, para que se realicen recorridos por el este, de tal modo que se elimine el estigma y las personas vuelvan a caminar por esos lugares, sin miedo. Además, se busca que se produzcan otro tipo de economías para que la gente pueda salir a vender cuando vayan a visitar y recorrer el barrio: "que salgan con sus bolis, con sus jugos…".

15 De acuerdo con Jean "se puede pensar que los murales —en tanto soportes de memoria—, funcionan como salidas creativas y necesarias en los familiares y allegados para dar cuenta de estas ausencias" (p. 137).

Aquí se retoma el relato de lo sucedido por la misma artista que apoyó la elaboración del mural y se relatan algunos apartados de lo sucedido.

> Ese mural es el nudo y el desenlace. El mural comienza de una manera bastante cruda, muy real, en el que las armas toman bastante relevancia desde que iniciamos. Desde que llegué al barrio se escucharon varios disparos, el encuentro con las armas no me había tocado de esa manera.

Cuando se inicia la elaboración de la obra hay una banda de jóvenes armados tomando en las cercanías, uno de los hombres expresa que no se le pidió permiso para hacer el mural y la artista, sin intención de ofenderlo, le pregunta si esa es su casa, lo que desencadena molestia en el hombre y pone en riesgo no solo la acción, sino la vida de las participantes. Al respecto la artista expresa:

> Esa experiencia de verme amenazada por no estar siendo clara, y que el hombre reaccionara [...] Él me dice que a él no le pidieron permiso, yo le respondo a mi manera y él lo toma mal, pues yo le empecé a decir que si él era el dueño de la casa intentando explicarle que nosotras habíamos preguntado al dueño de la casa y que a él le había gustado la idea, que si quería le mostrábamos.
>
> Pero el hombre se quedó con lo de si él era el dueño de la casa, y él lo tomó mal, como si no me importara la posición de él, como si no me importara que tenía un arma. Contrario de eso, yo dije eso porque estaba muy nerviosa y asustada y por eso mi tono de voz, pensó que estaba siendo grosera y así me lo expresó.

Este evento es determinante para el proyecto, el conflicto interno en Colombia no ha cesado y como lo decía un actor institucional en uno de los talleres de cocreación, se pueden seguir publicando informes, estudios, se pueden seguir expidiendo sentencias, pero las preguntas de cómo detener la violencia siguen sin resolverse.

> Ahí él me dijo: "aquí no se hace nada si yo no digo que sí, si yo digo que se hace un mural, se hace un mural y si digo que no se hace, no se hace". Yo intenté explicarle, y él me dijo: "aquí mando yo". Después, él se fue donde los amigos y algo le hizo clic en la cabeza, se ofusco más, se devolvió y me dijo "¿es que sabe qué? se va", sacó el arma y me apuntó. A mí se me fue todo, me puse en *shock*, no sabía ni como respirar y yo quería hablar, pero el susto era tanto que a mí se me quitaron las palabras [...] Yo cogí la mochila y me fui. Yo quería correr y ahorita hay formas de decirlo, pero básicamente en el pueblo están diciendo que las balas están muy baratas

> porque están asesinando un montón de gente, pero yo me fui caminando despacio y no me lo podía creer, que se pausara un proceso de estos, que es precisamente para resignificar a las víctimas y dar también un perdón, una resiliencia, un poder seguir, un poder en las artes y precisamente se vea frustrado por un malentendido en el que la violencia pudo haber sido el desenlace de la historia.

En este sentido, los procesos de los talleres de creación en los que se fomenta la cohesión y, además, se procura generar una participación generalizada de distintos tipos de actores es fundamental, pues aumenta la fluidez de los procesos y, en casos extremos, provee un compromiso y conciencia mayor por parte de otros actores fundamentales para que los procesos de creación se transformen en acciones de resistencia en el territorio. El desenlace del episodio con la artista así lo demuestra:

> [...] yo me fui muy aburrida, fue como que bárbaro, un malentendido pueda detonar esto y la comunidad sigue siendo marginada por este tipo de acciones. Yo decía no quiero volver por el miedo, pero sabía que tenía que volver porque no puedo dejar este malentendido [...] yo pensaba: tengo que volver a solucionar esto por mí, por la comunidad, por todos [...] pensaba en eso, yo necesito hablar con esta persona y continuar, y le daba mucho valor a las palabras del primer taller: resiliencia, perdonar y resignificar, hay que resignificar la experiencia y yo pensaba: que mejor manera de resignificar la experiencia que terminar un mural en el que casi me asesinan.

A pesar del ambiente de tensión, la comunidad fue involucrándose activamente en la pintura del mural y con el paso de los minutos la violencia fue disminuyendo. La participación de niños quienes disfrutaban de la actividad lúdica de la pintura fue animando a otros actores a integrarse, así jóvenes y madres terminaron haciendo parte de esta actividad y, al final, cuando las víctimas propusieron marcar el mural con las manos, hasta los actores armados se sumaron a esta iniciativa.

Aunque, el proceso creativo y de ejecución puede ser interpretado como exitoso en función de participación y el proceso de permanencia en el barrio para la continuidad de las actividades y del respaldo grupal para las víctimas que eran incluso residentes, no es posible pensar el proceso creativo o el mural como una obra con vocación reparatoria. Al contrario, el riesgo de seguridad puede ser considerado revictimizante y tener consecuencias fatales. Resulta ingenuo pensar que todas las potencialidades que tiene el uso del arte para la resignificación y la reparación, puedan expresarse de forma concreta en actividades de creación *in situ* en contextos de violencia extrema y explícita.

Dentro de la situación particular colombiana donde varias justicias transicionales funcionan de forma paralela con un conflicto de actores armados que están nutridos por el tráfico de drogas, el robo de combustible, las redes criminales, la corrupción y la minería ilegal la realización de la emancipación estética requiere de condiciones mínimas de seguridad[16].

Cabe anotar que uno de los retos más grandes fue iniciar el proyecto en contexto de pandemia y en contexto de protesta social, momento en el que nuevamente se acrecentaron los casos de desaparición forzada y violencia en general en el municipio de Puerto Berrio y en Medellín. Además de la experiencia compleja que tuvo lugar en Puerto Berrío también hay situaciones que se siguen viviendo en Antioquia. El espacio público sigue siendo un escenario de disputa por la legitimación de las representaciones.

2.2 ENTREVISTAS, LAS PRÁCTICAS Y MEMORIAS DE LO ÍNTIMO

Las entrevistas que se realizaron a lo largo del proyecto tanto a víctimas como colectivos de víctimas fueron escenarios importantes para comprender las historias en primera persona y poder asociar estas historias con las sentencias. Las entrevistas realizadas pudieron llevarnos a obras específicas. Por ejemplo, el caso del mural del cementerio de Puerto Berrío, donde algunas personas refirieron:

> Hemos mantenido en el cementerio municipal dos murales llevan ahí más de 10 años, se han retocas y demás, ahí están como un legado que nadie se ha atrevido a quitar que las víctimas hemos tenido, más que hacer un hacer un listado porque ahí se encuentran los nombres de las personas desaparecidas, es poder recordar y que las personas del común que vienen a visitar el cementerio sepan que en Puerto Berrio hay unas personas que no han podido encontrar y que no se les ha dado cristiana sepultura.

16 La confirmación de estas suposiciones vino en un segundo taller, ahora desarrollado en un espacio seguro "La Casa Museo de la Memoria", donde el testimonio de una víctima recientemente expuesta a un proceso de revictimización relacionado con amenazas muestra que a pesar de los recursos personales y técnicos, la producción de procesos de creación más fructíferos se requiere de la satisfacción de las necesidades básicas, particularmente de la seguridad personal, así como de la sensación de un orden social mínimo que permita la auto referenciación.

IMAGEN 41
MURAL DEL CEMENTERIO LA DOLOROSA

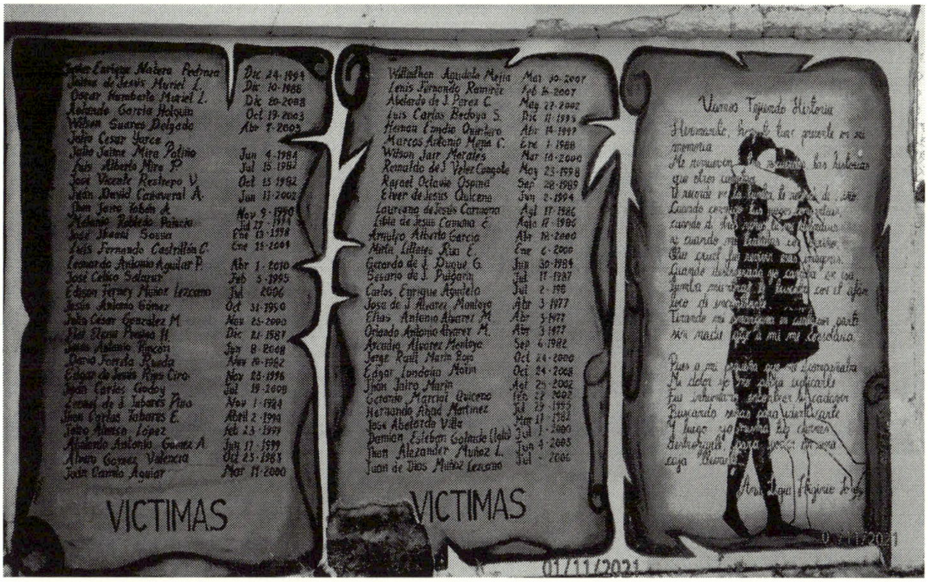

Fuente: foto equipo investigador.

En la visita al cementerio se observó el mural (véase la imagen 40) y se buscó al artista original, que ya había fallecido y a uno de sus colaboradores, quien dio una perspectiva del artista y de las ideas alrededor de dicho mural:

> Son unos papiros pues, un papel antiguo el papiro y ahí están pues algunos de los nombres de las víctimas del conflicto armado, algunos porque faltan hacen falta muchos papiros para colocar tantos nombres de todas las víctimas que ha dejado este conflicto y que sigue dejando. (Ruiz, comunicación personal, 2021)

La cita es transcrita de un audio que se encuentra alojado en la página web del proyecto, junto a fotografías del mural, y se pudo entrelazar con un poema elaborado por otra víctima y que situaba al cementerio en el contexto de la desaparición forzada.

> Qué cruel fue revivir esas imágenes. Cuando desesperada yo cavaba en esa tumba, mientras te buscaba con el afán loco de encontrarte. Tirando mi amargura en cualquier parte sin nadie que a mí me consolara" (Poema Luz Elena Salas). "La incertidumbre sobre la muerte o la ubicación del cuerpo de un ser querido, deja tanto a los vivos como a los muertos en un estado liminal que puede ser peor que

> la muerte, una fuente de gran angustia a ambos lados de la gran división" (p. 187, Garrat'burned, 2015). El mural del Cementerio la Dolorosa de Puerto Berrío está pintado sobre el muro que separa a los vivos de los muertos, los nombres y apellidos de los ausentes con las fechas de nacimiento y desaparición. En uno de los muros una pareja se abraza bajo una narración "Hermanito hoy te tuve presente en mi memoria"3. Es allí donde están los desaparecidos, el punto liminal del muro que se levanta como un espacio de tránsito entre quienes están y quienes han muerto. Las víctimas buscan señas para identificar a sus desaparecidos, visibilizarlos y reclamar la verdad.
>
> [...] Todo esto, con la intención concluyente de que "salga a la luz pública ese acontecer oscuro que debe servir a la comunidad para implementar los correctivos orientados a que no vuelvan a ocurrir tales sucesos, así como establecer dónde se encuentran los secuestrados y los desaparecidos por la fuerza, amén de integrar lo más fidedignamente posible la memoria histórica, y en tal medida, asegurar que semejantes conductas no sucedan de nuevo. [...]. (Sentencia Bloque Metro, p. 289)

Resulta necesario resaltar que las categorías presentadas se traslapan entre sí, por lo cual existen *performance* dentro de actos conmemorativos, actos conmemorativos que retoman prácticas culturales, obras de arte colectivas que están ligadas a prácticas culturales (por ejemplo, el tejido colectivo), entre otros tantos cruzamientos. Así, resulta importante aclarar que para este proyecto se ha entendido como práctica cultural las actividades, acciones, rituales o actos realizados de forma repetitiva por un grupo o varios grupos, y que está vinculado a las creencias de las personas[17].

---

17 Práctica cultural: se trata de los diferentes usos que cada sociedad humana designa a las acciones sociales con las que se identifica. Las prácticas culturales crean cohesión entre los miembros que ostentan una identidad social determinada. La práctica social es una acción social que supone pertenencia a un grupo. Hay diversidad de prácticas culturales según el contexto cultural y sus practicantes. Según Durkheim (1895/1985), se trata de acciones sociales que sitúan y designan el lugar de una persona dentro de una sociedad. Por tanto, se puede hablar de diversidad de prácticas y manifestaciones culturales que varían en función del contacto, la relación y los tipos y clases de practicantes, y sus interrelaciones. Así, es importante comprender las relaciones existentes entre el significado y la significatividad de la práctica cultural: el significado social y cultural que se le otorga a la acción social desde las personas directamente vinculadas y participantes de esta. Hay que pensar que las plasmaciones culturales de dicha índole responden a determinados cuestionamientos de la existencia y que, además, son estructuras de significación socialmente establecidas. Por ende, la cultura manifiesta los significados de las prácticas culturales que las personas comparten entre sí. Durkheim, E. (1895/1985). *Las reglas del método sociológico*. AKAL.

Los actos de conmemoración podrían distinguirse de la prácticas culturales porque están ligados a fechas específicas en las cuales se realizan actividades de recordación y se convierten en una especie de "tradición inventada" en la medida que responden a procesos histórico-políticos recientes, buscando dar marcos temporales para la guerra, visibilidad para las víctimas y sus memorias, legitimidad para procesos transicionales, fortalecimiento a la idea de nación que está en construcción, acogimiento social a los procesos de luto y daño moral de las víctimas, es decir, las conmemoraciones son procesos que se encuentran entre la política y el luto (Ashplant *et al.*, 2000).

Como ya se ha mencionado, estas definiciones no tienen un carácter restrictivo y tuvieron una función más organizativa y pedagógica. Ninguna de ellas, se consideró como de carácter excluyente ni fue utilizada para realizar valoraciones de estas, buscando "comprender la identificación del arte, menos con las maneras de hacer y más con las maneras de ser" (Rubiano, 2019, p. 274). Por ello, en este apartado se tomarán algunos casos de estas manifestaciones colectivas en los cuales es posible discutir brevemente dos aspectos fundamentales dentro del ejercicio de emancipación estética: los procesos culturales y creativos de carácter colectivo como formas de trámite de la violencia y las limitaciones del arte y la creación en contextos violentos.

Actualmente, se sabe que la desaparición forzada deja traumas sociales e individuales que son de difícil elaboración y que requieren de procesos de rehabilitación individuales y colectivos (CNMH, 2016). En otras palabras, el dolor de las víctimas indirectas de desaparición de personas no es un sentir común ante la violencia, sino que es un síntoma espiritual que manifiesta un trauma cultural (Jeffrey, 2012). Dicho trauma está ligado de forma individual a las dificultades de realizar el duelo en ausencia del cuerpo y, en el ámbito colectivo, a la perturbación que produce el cadáver insepulto[18].

---

18 A consecuencia de la desaparición forzada, consideramos que las personas desaparecidas no tienen un tratamiento especial en tanto en cuanto responden a una incógnita, a una persona que no está ni muerta ni viva, sino que está ausente. Si pensamos, para más inri, en ese "sin cuerpo", ese cadáver insepulto, hacemos mención a que "se halla vedada la posibilidad de preservar algo del registro del ser, que es su nombre en la lápida. A través de la desaparición el '...derecho a la muerte quedó abolido y se instauró la lógica que hizo posible la muerte de un cuerpo, sin sepulcro, es decir la anulación de lo modos de ritualización de la muerte, aboliendo de esta manera la instalación de un acto simbólico'". Rosseaux, F. "Sancionar el duelo" - Desaparición, duelo e impunidad. El caso argentino. http://www.herreros.com.ar/melanco/rousseaux.htm. Thomas, L. V. (1982). *Antropología de la muerte*. Fondo de Cultura Económica. Asimismo, y a colación, "los restos mortales cumplen una función en la tramitación del duelo, si bien no lo garantizan.

En ese escenario, el surgimiento de prácticas culturales que ayudan a las personas a tramitar el trauma social y cultural, que produce la ausencia de rituales de paso al más allá, merece una mención. Particularmente, en la presente investigación, se encontró el caso de la adopción de varios N.N. en el cementerio La Dolorosa en Puerto Berrio (Antioquia, Colombia). Si bien la adopción de muertos no identificados se reporta en otros lugares del país e inclusive en varios cementerios del Magdalena Medio (Comunicación personal, antropólogo forense) es en Puerto Berrío donde adopta un carácter masivo.

Este rito de adoptar a los muertos supone elegir a un N.N., un cuerpo no identificado que pasará a denominarse "escogido" para poder llevar a cabo su sepultura. Las personas adoptantes realizan oraciones, ofrendas y promesas desde la creencia que existe un poder espiritual de los muertos insepultos. Este proceso se desarrolla en varias fases, en primer lugar, existe la recuperación del cuerpo (río, morgue y celdas de custodia), después el traslado de ese cuerpo al pabellón de caridad (donde se coloca el nombre y la inscripción que dice "escogido"), luego el proceso de negociación en el que se puede ofrecer devoción, rezos, misas, placas, lápidas y osarios a perpetuidad. Básicamente, en la adopción prima el sentido transaccional, es decir, la realización de rituales tradicionales a cambio de una retribución del "ánima"[19]. La investigación sugiere que la aparición e instauración cultural

---

No son determinantes, pero intervienen en el proceso, en tanto posibilitan la confrontación con la certeza de que el objeto amado ya no está con vida y promueven el acto decisorio, sin vuelta atrás, de un duelo por hacer. En cambio, si los restos mortales no están presentes, este acto decisorio queda en una dimensión de posible revocación permanente, dificultando la realización de dicho trabajo. El proceso de duelo en el caso que nos ocupa adquiere la particularidad de requerir una exigencia de trabajo que implique el pasaje de la categoría de desaparecido a muerto. Frente a la ausencia de los restos mortales, se torna necesario apelar a recursos que posibiliten la tramitación simbólica, a través de los rituales y de la intervención de la justicia" (Véase https://www.aacademica.org/000-031/732.pdf).

19 Ánima: Ya Tylor (1871/1976) disponía una de las teorías más importantes sobre el origen de la religión y las creencias. Según él, la religión se originó entre las personas al intentar comprender sueños, trances y muerte. Así, Tylor creía que las imágenes vivas de las personas y los animales de la imaginación sugieren una doble existencia de todas las cosas. Una física (cuerpo material) y otra psíquica (alma invisible). En la muerte, el alma se marcharía del cuerpo para siempre. De este modo, si pensamos en la desaparición, dado que la muerte no "llega", no "está"; las almas, las ánimas serían las entidades en las que se alojarían los desaparecidos. (Tylor, E. B. (1871). *Primitive culture: researches into the development of mythology, philosophy, religion, language, art and custom*. Publicado en español como Tylor, E. B. (1976). *Cultura primitiva: Los orígenes de la cultura*. Ayuso).

de esta práctica está atravesada por un pensamiento mágico que permite la negociación de aspectos de la vida que en circunstancias normales no son negociables. Un claro ejemplo de ello son las motivaciones de adopción que pueden ser resumidas en favores económicos, consagración de personas, venganza, ayuda en proceso de búsqueda de desaparecido, sustitución del desaparecido, trabajo y amor o matrimonio, entre otras.

Sin embargo, las negociaciones con los muertos pueden ser más que simples manifestaciones de deseo y estar ligadas a la resolución de problemáticas culturales específicas. En el caso de Puerto Berrío suceden dos factores importantes, en primer lugar, su ubicación geográfica al margen del río Magdalena lo hizo un local estratégico de control de los grupos armados, por lo cual es un territorio azotado por el conflicto armado. Debido a encontrarse en el epicentro de la violencia del Magdalena Medio y estar vinculado estrechamente con el río, tuvo que enfrentarse con la aparición constante de cadáveres, haciendo que la población tuviera que lidiar con el tabú de la contaminación de la muerte[20]. La contaminación afecta el orden simbólico y genera cambios importantes en las sociedades, pues las ideas de suciedad pasan por lo higienista, lo ritual y también por lo estético (Douglas, 1973).

Por consiguiente, el surgimiento de una práctica cultural como la adopción, que incorpora dichos elementos, permite un tránsito por las anomalías que supone el cadáver insepulto y la desaparición forzada y, adicionalmente, consigue disminuir la angustia o brinda una "ilusión de control" sobre algunos efectos de la violencia (ruptura del tejido social, desempoderamiento de la población, desesperanza, empobrecimiento, vulnerabilidad social, daño moral, entre otros) puede considerarse como una respuesta colectiva de resiliencia en torno al trauma cultural y social. Considerar esta práctica como una forma de control de la idea de sociedad no la separa de las creencias religiosas, profanas y de los factores políticos y sociales que le dieron origen. Cabe recordar que el manejo de la contaminación no surge en el vacío, se apoya en las creencias tradicionales de las personas y encuentra eco en el

---

20 Es difícil rastrear la creencia de la contaminación de la muerte en los años previos a la investigación, se pudo confirmar que esta se mantiene, pues el sepulturero afirma sufrir estigma social asociado a su oficio "En medio de la recocha, en medio de la charla y a veces dicen Ud. no se me arrime, Ud. huele a muerto… son charlas que son pesadas, pero como le digo el silencio y la oración. Uno sabe que no puede responder nada. La gente dice ay ¿usted cómo duerme?, ¿usted cómo come? y por ahí va… por eso digo que uno ha sido un poco rechazado por la condición de sepulturero".

poder político[21], pues las ideas de la contaminación se relacionan con toda la vida social (Douglas, 1973).

Es importante mencionar que las prácticas están también sometidas a tensiones con otros actores. Al respecto, el caso del cementerio La Dolorosa como un excelente ejemplo en el que puede explorarse los distintos niveles de la intervención estatal. El 15 de octubre de 2020 la Sección de Primera Instancia para Casos de Ausencia de Reconocimiento de Verdad y Responsabilidad (SAR) de la JEP profirió el Auto-AI 023 en el que resolvió declarar medidas cautelarles sobre el cementerio La Dolorosa y vinculó a diferentes actores locales al proceso.

Todas estas medidas están ligadas a la protección de los lugares por lo cual se vincula a una entidad privada como la parroquia Nuestra Señora de los Dolores en su calidad de administradora del cementerio La Dolorosa para que cumpla las órdenes establecidas. A pesar de que en otras partes del auto se amplían cuestiones técnicas asociadas a la protección de las celdas de custodia y osarios, no está especificado la forma en la que se deben cumplir estas órdenes. La condición en que se ejecuta es por medio de una serie de avisos colocados sobre las lápidas de los "escogidos" y, en general, en todos los puntos señalados por el Auto-AI 023. Los afiches rojos con letras amarillas que pretenden especificar la prohibición de exhumar o intervenir de cualquier forma la lápida con el aviso específico de "no tocar" son una intervención estética y cultural.

La idea de que el derecho es capaz de transformar ampliamente la realidad no es nueva, en palabras de Beebe (1994) "el procedimiento judicial construye no sólo la ley en sí misma, sino también la realidad" (p. 210). Las intervenciones del derecho pueden ser leídas también como estéticas, en la medida que el propio derecho puede ser considerado una forma de arte (literatura), usar el arte para su compresión y difusión y ser analizado

21 El surgimiento de la adopción está asociado al malestar de la comunidad con los cadáveres, lo que acabó originando un contrato de la alcaldía para la recolección de los cuerpos de río. De acuerdo con la entrevista con un funcionario de la JEP "Incluso no había funeraria aquí, un señor que no recuerdo el nombre que era conductor de una empresa de transporte y empezó a ver que había mucho entierro en Puerto Berrío, pero no había servicio funerario, no existía funeraria. El señor dice que se retiró de la empresa de transporte y creó la primera funeraria del pueblo, y empezó a ofrecer sus servicios. Él es empírico totalmente en ese tema, pero él hizo un convenio con la alcaldía de que él se encargaba con la comunidad de recoger lo que venía de río arriba, lo recogían acá y se le aplicaba los servicios funerarios y se les enterraba".

IMAGEN 42
LÁPIDA DEL CEMENTERIO DE LA DOLOROSA

Fuente: foto equipo investigador.

críticamente desde el arte (Sierra, 2014). Existe además el imaginario alrededor del derecho que está fundamentado en la idea de la racionalidad de este, por lo cual los factores estéticos son considerados perjudiciales para la profesión legal y lo que se promueve entonces, es una estética "antiestética" (Butler, 2002).

La estética popular del cementerio La Dolorosa, que había sido retomada por artistas como Juan Manuel Echavarría, es intervenida desde la administración parroquial para el cumplimiento de la orden judicial. Esa intervención supone una ruptura con la forma "natural" que ha sido dada por los pobladores, la cual incluye placas, ofrendas, pinturas, dibujos, grabados e intervenciones de todo tipo sobre las lápidas de los N.N. Letreros que cubren las modificaciones estéticas imponiendo marcas o sellamientos enteros, dando lugar a una homogeneidad "racionalizada" para los N.N., que muestra como el derecho promueve intervenciones estéticas "antiestéticas" sin dictaminar órdenes específicas, apenas valiéndose del imaginario de racionalidad que ha reproducido. En ese sentido, los *sticker* de las lápidas recuerdan los sellamientos de los negocios clausurados, es una intervención policiva que indica el cerramiento y marca también una posesión sobre ese bien.

No es la primera intervención del Estado en el cementerio, pues desde hace ya varios años, se había realizado un aviso mayor en el pabellón de caridad en el que se establece la orden de mantener los nombres. Este aviso, en formato genérico y escueto, proyecta una idea similar, pero al no derivar de una vinculación de oficio a un proceso no es puesta de forma masiva en las tumbas, adicionalmente, existe otra diferencia llamativa entre ambas intervenciones, y es la presencia de la parroquia de Los Dolores, mientras que en el mural se pone su autoría atrás de la autoridad judicial de la Fiscalía General de la Nación, en los afiches rojos se menciona únicamente a la Jurisdicción Especial para la Paz (JEP)[22].

La eliminación de la autoría está presente en el derecho, donde se promueve la aplicación ciega del principio de neutralidad creando una escritura "impersonal", que es ficticia, en la medida que la negación de la eliminación del autor no es real, sino formal, así los textos jurídicos no son solo altamente codificados, también son impersonales imponiendo una estética de uniformidad (Butler, 2002).

Las actividades de la UBPD[23] y la intervención estética de la parroquia vinculada con las órdenes de la JEP generan cambios culturales, uno de los principales que se ha registrado ha sido la disminución de las visitas a los pabellones de los escogidos

---

22 Existe otro letrero en la entrada del cementerio el cual también se asocia a la intervención de la Fiscalía. De acuerdo con la entrevista realizada con funcionario de la JEP "aquí estuvo la fiscalía ordinaria y como ustedes ven a la entrada del cementerio hay unos letreros en el que se prohíben las prácticas de adoptados escogidos y, pero ahí existe eso pabellón de caridad donde eso se da".

23 Las intervenciones de la Unidad para la Búsqueda de Personas Desaparecidas (UBPD) que en el cumplimiento de su misión de búsqueda y localización de personas dadas por desaparecidas ha intervenido celdas de custodia, pabellones y osarios del cementerio. La UBPD se ha preocupado por realizar un proceso de sensibilización con la comunidad para lograr la exhumación sin que se presenten grandes dificultades con las personas locales. El trabajo de campo que incluye entrevistas, eventos, campañas y diversos contactos ha incluido a adoptantes, personal del cementerio, personal de la parroquia de los dolores, pobladores, funcionarios de la alcaldía y asociaciones de víctimas. Como lo específico un antropólogo forense de la UBPD: "Estamos tratando de conciliar el trabajo técnico científico con la cotidianidad de las personas".

IMAGEN 43
LÁPIDAS CEMENTERIO LA DOLOROSA

Fuente: equipo investigador.

> en cambio sí se ha visto mucho problema con la gente que tiene sus restos en la celda, porque hay mucha gente que tiene sus muertos allí y la gente cree que se los llevaron… y en cuanto NNs también, inclusive estamos habilitando esas tumbas para normales porque la mayoría de las personas ya se retiraron, el movimiento que se ha visto es uno o dos. (Comunicación personal, sepulturero)

Las observaciones directas muestran que dicho descenso es más evidente durante los periodos en los cuales la UBPD realiza las exhumaciones, no obstante, la disminución de las visitas puede estar también relacionada con la pandemia de la covid-19, en la cual se limita y prohíbe durante mucho

IMAGEN 44
ÁNGELES Y PABELLÓN DE LA CARIDAD

Fuente: foto equipo investigador.

tiempo el acceso de personas a los cementerios, modificando sus costumbres en relación con el camposanto[24].

Otro cambio importante es que la restricción de "no tocar" impide la interacción normal que se desarrolla entre los vivos y los muertos. Se documentaron como actividades frecuentes el tocar la tumba, como quien toca la puerta, como un inicio del proceso de visita, de igual forma, las observaciones y entrevistas dan cuenta de que la limpieza de la tumba es un elemento

---

24 Comunicación personal con el sepulturero.

importante dentro del cuidado y las promesas dedicadas a los escogidos, ambas actividades hacen parte del ritual de conmemoración y exigen un contacto directo con la materialidad funeraria, el cual estaría restringido.

Consecuentemente, las disputas sobre lo simbólico entre los diferentes actores que transitan en el territorio trascienden lo geográfico y pasan a lo cultural. Mostrar esos litigios que se van desplegando y las visiones de cada una de las partes ha llevado a la realización de las entrevistas con miembros de varias instituciones como la UBPC, personal de derechos humanos de la alcaldía de Medellín, personal de la JEP, personal de mesa de víctimas de Puerto Berrio, personal de atención a víctimas alcaldía de Puerto Berrío, entre otros. En ese sentido, no solo se abordaron las distintas materialidades de las obras, sino las distintas voces de la institucionalidad, las víctimas, los artistas y la sociedad civil, rescatando voces y promoviendo diálogos que permitieran una integración de todos los procesos.

3. SELECCIÓN DE OBRAS Y PRÁCTICAS CULTURALES: UNA TAREA INCONCLUSA

3.1. INVENTARIO Y CARACTERIZACIÓN

El arte ha asumido la tarea de la representación de lo irrepresentable, lo indecible, lo invisible y los silencios, es decir, las prácticas estéticas van a ser una fuente interminable e inabarcable para la desaparición forzada que busca activar la evocación de memorias y, a su vez, interrogar y construir relatos desde las ausencias (García y Belén, 2010).

El inventario de obras de arte y prácticas relacionadas con la desaparición forzada fue levantado con los datos básicos principales de cada registro. En una tabla de Excel se identificaron datos generales como nombre, autor o actores participantes, fecha de elaboración, descripción de la obra, enlace o contacto para solicitar las autorizaciones correspondientes de utilización de uso de la obra para el proyecto. Se identificaron diferentes formas de manifestaciones artísticas como obra plástica, *performances*, instalaciones, música, novela, fotografía, grafitis y documentales e igualmente se separaron las prácticas culturales y actos de conmemoración que se acompañaron o registraron en el trabajo de campo, entendiendo que estos dos últimos se daban en espacios públicos y colectivos con diferentes intenciones y con un rasgo predominante de ritualidad, de reiteración y en fechas específicas.

No fue fácil siempre hacer estas divisiones, por ejemplo, en el marco de la conmemoración de la Operación de Orión, las mujeres caminando por la verdad hicieron un *performance* que iniciaba en el metro de Medellín con un espejo que interpelaba a la población en general. El espejo decía "Podrías ser tu" y se usó colgado en el pecho y siempre estuvieron en el Metro caminando y enfrentando a las personas y terminaron el acto en la estación de Metro de San Javier para luego subir a la Comuna 13, allí se desplegaban otros actos como la música, la ubicación de las fotografías y siluetas a los desaparecidos, las mándalas y otras expresiones cuya característica principal es la repetición en varios contextos, la necesidad de recurrir a símbolos específicos en determinadas manifestaciones y el uso del espacio público.

El proceso de la elaboración del inventario culmina con el hallazgo de 122 obras y prácticas, además, este nos llevó no solo a encontrar relaciones específicas con el crimen de desaparición forzada, sino a los lugares, situaciones y vulneraciones a los derechos humanos que se describen en las sentencias judiciales y a identificar cuáles eran las diferencias, pero también las interconexiones entre las obras creadas por artistas, por las mismas víctimas o por los colectivos y las prácticas culturales. Adicionalmente, hay registros y formas de capturar escenas con fotografías que terminaron siendo propias del proyecto y que se usaron para hablar de la sentencia frente a la necesidad de abordar algunos temas específicos.

Surgen interrelaciones, por ejemplo, la de la fotografía del animero (capturada por una de las investigadoras) en relación con el poema de Luz Elena Salas, escritora y víctima de este crimen, con apartados de la sentencia que hablan del perdón y la necesidad de hacer los duelos de los procesos para las víctimas.

La definición de *obra de arte*, *práctica cultural* y *acto de conmemoración* se utilizó para dar un orden a las obras que se iban encontrando o registrando en campo, muchas se superponen o relacionan, también se tomaron en cuenta obras de arte como aquellas elaboradas por un autor o un colectivo, con su firma plasmada, aunque las obras no son necesariamente elaboradas por las víctimas, generalmente, estas abordan alguna problemática social con una intención; se registraron prácticas culturales en entornos más íntimos como los cementerios y las casas de las víctimas; las prácticas tienen que ver con la cotidianidad y la ritualidad, en algunos casos se traslapan con los actos, pero se constituyen como acción normalmente de las víctimas, finalmente las conmemoraciones que también podrían llamarse

IMAGEN 45
FOTOS DE ELEMENTOS DE LA CONMEMORACIÓN DE LA OPERACIÓN ORIÓN AÑO 2021

Fuente: foto equipo investigador.

IMAGEN 46
PERFORMANCE EN EL METRO DE MEDELLÍN
DE MUJERES CAMINANDO POR LA VERDAD

Fuente: foto equipo investigador.

IMAGEN 47
FOTOGRAFÍA DEL ANIMERO EN ACTO DE LA UBPD

Fuente: equipo investigador.

manifestaciones tienen un carácter público. Se realizan en días específicos como actos de denuncia.

3.2. PASOS PARA LA SELECCIÓN DE OBRAS Y LA EMANCIPACIÓN ESTÉTICA DE LAS SENTENCIAS

Para la emancipación estética de las sentencias fue necesario analizar las obras seleccionadas para el inventario y verificar el cumplimiento de varias características tanto técnicas como de forma y contenido, entre ellas, los permisos y derechos de uso para el proyecto, versión en alta calidad en el caso de imágenes, audios o videos. En la medida en que la visualización y la comprensión de las obras cobra importancia para comprender las relaciones con la sentencia, algunas de las obras fueron grabadas directamente, no basta con tener los poemas o las canciones, se quería transmitir su sentir.

Es importante tener en cuenta que para este proyecto no solo se seleccionaron obras ya elaboradas, sino que se hicieron procesos de registro de prácticas, elementos simbólicos y escenarios de la desaparición forzada, en esa medida había una doble función, buscar lo existente, pero también crear nuevos contenidos para hablar de temas importantes de las sentencias.

Los pasos para la emancipación de las sentencias fueron los siguientes:

– Lectura y sistematización de las sentencias en cartografías, líneas de tiempo y categorías de temáticas repetitivas.

– Selección de citas representativas de las sentencias (análisis de contenido de Atlas.Ti).

– Revisión de temáticas principales de las citas (a partir de las citas seleccionadas por saturación y representatividad).

– Búsqueda de obras de arte plástico en galerías de arte y museos de obras con símbolos, íconos o mensajes relacionados con las temáticas principales seleccionadas en las sentencias.

– Registro de prácticas, obras, fotografías y diferentes manifestaciones artísticas, culturales o rituales que, siendo producidas por las mismas víctimas o detectadas en el trabajo de campo, puedan asociarse a las temáticas principales de las sentencias.

– Articulación de una o varias obras o prácticas culturales con las sentencias judiciales, entendiendo que los textos tienen un lenguaje simbólico que puede ser asociado.

– Redacción de texto explicativo que permita relacionar los lenguajes de la sentencia con la obra y busque la reflexión sobre ambos lenguajes en un lector externo.

Estos pasos operativos, aunque no son estrictamente secuenciales, deben estar acompañados de un orden pedagógico. Otro criterio fundamental para la selección de las piezas era la posibilidad de acceder a algún tipo de registro fílmico, fotográfico, gráfico o auditivo que fuera susceptible de ser usado bajo permiso por parte de su autor o participantes, en este sentido, muchas obras y actos, que son constantemente referenciados como relevantes, tuvieron que ser excluidos ante la imposibilidad de contar con algún material adicional a su relato o reporte en las entrevistas; de igual manera, hay obras destacadas cuyo permiso por parte de los artistas no fue posible de gestionar.

3.3. TEJIENDO LAS REDES COMPLEJAS

El resultado del ejercicio y la metodología de investigación forman parte de tres productos fundamentales: una cartilla de lineamientos para la emancipación estética, un catálogo de obras y prácticas y la plataforma web. Tanto las obras artísticas como las prácticas culturales son piezas que guardan conexión entre sí. El establecimiento de espacios específicos de tipo virtual y de secciones en el catálogo obedece a una lógica de trabajo que busca la extraterritorialidad para la construcción del disenso, muchas obras y prácticas hicieron falta, se encontró que la sistematización del material que producen las víctimas y las instituciones de víctimas y arte son escasas. Esto permite abrir una posibilidad, como lo plantea Giraldo (2008), estudiar y profundizar en los archivos producidos por personas y organizaciones que trabajan en defensa del derecho a las víctimas del conflicto armado, pues su generación responde a lógicas diversas que, en algunos casos, no se acomodan de manera adecuada a las herramientas de la archivología en su concepción tradicional[25].

Consecuentemente, el orden del catálogo tampoco es fortuito, sino que su disposición tiene un significado concreto, genera una línea argumental que comienza por la contextualización del espacio específico, espacios corporales, espacios de violencias y desaparición, espacios de conmemoración y espacios de reparación simbólica. Así mismo, un tema transversal caracteriza cada caso, ausencia-búsqueda, colaboración, tránsito-liminalidad, esclarecimiento-opacidad. Se trata de la construcción de un discurso en torno a la desaparición forzada que pasa por los diferentes ámbitos que se han considerado oportunos a la hora de presentar las obras y las prácticas culturales.

Los productos buscan exponer los distintos escenarios que atraviesa una desaparición, además de cómo se construyen discursos específicos en torno a ello. Así, se han seleccionado y ordenado las piezas escogidas para que, de esta forma, se disponga una reflexión integral sobre la desaparición forzada. Cada obra o práctica cultural, cada uno de los fragmentos de las

---

25 https://www.tesisenred.net/handle/10803/669950?locale-attribute=en#page=6

Sentencias del Bloque Cacique Nutibara y del Bloque Metro, así como cada uno de los relatos asociados, responden a una narrativa específica. Gracias a la curaduría, las diversas lecturas que pueden hacerse de cada elemento son más significativas, puesto que cobran importancia de forma independiente, pero también tienen sentido en su conjunto, favoreciendo así una mirada holística del fenómeno de la desaparición forzada.

Para una mayor comprensión de las sentencias, se ha apostado por la construcción de relatos basados en citas extraídas de los documentos judiciales. De este modo, se han dispuesto diversidad de conexiones, significados e interpretaciones, por ende, la consumación del proceso de formación del catálogo y la plataforma virtual supone la unión de varias obras y prácticas que, además, confluyen en la producción de otros productos para que así, todas ellas, cuenten una historia que aúna espacios, tiempos, protagonistas y significados.

El proceso de la emancipación estética, por medio de estos relatos, ha generado una ruptura del lenguaje técnico y especializado de la sentencia para ponerlo en un lenguaje estético y poético que trasciende lo jurídico, en cuanto consigue visibilizar la voz de víctimas y conglomerado social, sin olvidar, por supuesto, que las sentencias judiciales son el punto de partida para la construcción del proceso y son sus contenidos los que abren dichos espacios.

Lejos de pretender una emancipación estética total de la sentencia, el trabajo realizado se enfocó desde el inicio, en el objetivo de dilucidar claramente un único delito: la desaparición forzada. La restricción permitió que los procesos de selección de las citas estuvieran guiados por la representatividad y saturación, siendo que la primera admitió incluir casos de especial relevancia y considerados emblemáticos o particulares. La segunda permitió visualizar los fenómenos repetitivos y masivos que acompañaron los procesos de victimización.

Hay que señalar que algunos aspectos carecen de un correlato estético que permitiera su emancipación, esto por la especial crudeza de determinados episodios, en los que vale la pena recordar que "sobre aquello de lo que no se puede hablar, lo mejor es callar, decía Wittgenstein. ¿Cómo hablar de lo indecible? [...] ¿Qué diríamos hoy que es lo indecible?" (Piglia, 2018). Los segmentos macabros y profundos que revelan la magnitud, crudeza y cotidianidad de la violencia no siempre encuentran su contraparte en las piezas investigadas e incluso, al ser colocados en procesos de creación, resultan no ser procesados por los participantes, lo que levanta la sospecha de que, tal vez, el lenguaje intrincado, ilegible y lejano, que recubre el documento jurídico, es una forma de no manifestar lo indecible en una sociedad que aún está procesando la magnitud de los crímenes de lesa humanidad.

En este último aspecto radica la principal limitación metodológica de la emancipación estética, puesto que jamás fue una pretensión del proyecto realizar el proceso de emancipación desde la voz de la academia y sus integrantes, ya que, por el contrario, el proyecto de investigación buscó emplear el litigio artístico y estético como formas para establecer un proceso pedagógico y divulgativo que promueva la construcción del pensamiento crítico y de subjetivación política en las personas que acceden a los productos de divulgación, creación e investigación.

Dentro del proceso de emancipación estética de las sentencias, la estructuración de una narrativa que sea fiel a la sentencia y que, a su vez, incorpore aspectos vivenciales y transversales, es un reto importante para cualquier investigación en este campo. En primer lugar, porque al ser un concepto reciente los límites y métodos se encuentran en proceso de experimentación y mejoramiento, segundo, porque, aunque existen experiencias de emancipación estética con soporte virtual como El Museo Amaranto, no había sido abordado hasta el momento el caso de las sentencias judiciales de una justicia transicional como justicia y paz; y, tercero, el abordaje en función del delito y no de las manifestaciones artísticas y culturales, también no tiene muchos referentes, pues previamente los trabajos de emancipación estética, litigio artístico y estético han estado enfocados en algún tipo de manifestación concreta (literatura, gastronomía, canto, tejidos, entre otros).

De acuerdo con esos desafíos, fundamentados en la experiencia investigativa y de cara a lograr un proceso de emancipación que construya una extraterritorialidad que permita el disenso y la memoria (véase capítulo 1), en la presente investigación se optó por trabajar alrededor de la espacialidad.

El espacio no es una categoría uniforme, invariable, sólida, unívoca y delimitada; al contrario, el espacio es variable, superpuesto y continúo, siendo que los límites aparentes determinados por muros, fronteras o cerramientos son apenas ilusiones de separación, de un espacio de continuidad en el que existen marcas de las diversas temporalidades y usos (Colombo, 2018). Dentro de los procesos de victimización, uno de los principales móviles para el homicidio y la desaparición es la desobediencia de las nuevas organizaciones espacio-temporales que establecieron los grupos paramilitares. En otras palabras, cruzar fronteras invisibles, transitar por lugares prohibidos o en horarios no establecidos. De igual forma, el uso del espacio fue restringido o cambiado, transformando no solo la movilidad, sino también la significación espacial.

Particularmente, las modificaciones espaciales, producto de la desaparición, involucran la creación de "lugares prohibidos", "lugares de muerte", "cementerios clandestinos" que configuran una especie de "geografía del terror" (CNMH, 2018), que alteran las prácticas culturales y estimulan nuevas formas de expresión que pueden ser sanadoras para las víctimas y las comunidades afectadas por la violencia.

Finalmente, la construcción de espacios obedece también a la necesidad de comprender la desaparición forzada en un contexto. Recientemente, los procesos de musealización de la violencia en América Latina han buscado dar un tratamiento a los pasados conflictivos de sus historias recientes de violencia y conflicto armado y, en la prisa de "conmemorar atrocidades", se han llevado a cabo procesos de homogeneización e universalización de las víctimas, lo cual se ha reforzado en un enfoque excesivo en la experiencia individual de la violencia, dejando de lado las causas estructurales, políticas, económicas y sociales que la producen.

Para que sea posible una reflexión que trascienda la traducción, es necesario poner en escena obras que invitan a la consideración de la función política y social de la violencia, intentando que estos esfuerzos no se conviertan en una mera representación de la violencia que simplemente apele a la fragilidad del cuerpo y distancie mágicamente a la sociedad y al Estado de su papel en el conflicto (Estefane, 2013).

El proceso de integración de las voces de diferentes actores sociales fue realizado por asociación en función también de los temas. Adicionalmente, teniendo en cuenta que algunos aspectos tenían diversas expresiones, se optó por agruparlas para formar redes de significado alrededor de cada parte de la sentencia escogida con temáticas que proveen una experiencia más compleja para el usuario de la plataforma web. Lo anterior únicamente fue posible alrededor de algunas obras y prácticas culturales, pero permitió la incorporación de literatura, canciones, testimonios y descripciones que trascendieron el formato escrito tradicional y proveen una experiencia inmersiva e incluyente.

4. CONCLUSIONES

La emancipación estética del Estado no es un concepto que pueda ser solo considerado de manera teórica, sino que debe tomarse en cuenta de forma metodológica. En el proyecto memorias de ausencia desde las sentencias judiciales se expandió de ambas formas y se llevaron a cabo procesos que dan luces sobre la manera como se integran en redes complejas diferentes materialidades, voces, formatos y territorios. Particularmente, desde el aspecto teórico la expansión conceptual se realiza usando los conceptos de Ranciére, mientras que lo metodológico partió de una serie de reflexiones realizadas durante la elaboración de la propuesta y la aplicación de la metodología en campo.

Al hilo de lo anterior, debe pensarse en los procesos artísticos como tratamientos en continua transformación. Se trata de procedimientos polifuncionales que permiten, en primer lugar, la aceptación del trauma, la constitución de nuevas redes para sobrellevar dicho estado traumático, la generación de empatía entre personas que conviven con la desaparición forzada, a la vez que fomentan el pensamiento crítico y la reflexión política ante tales acontecimientos. También, contribuyen a la reparación, aunque, sus funciones y efectos están limitados por la propia violencia. Si impera la impunidad y no se garantiza la no repetición de las violencias asociadas a la desaparición, la exhibición, creación o manifestación de las obras artísticas relacionadas, así como las prácticas culturales que se llevan a cabo, no tendrían sentido.

La construcción de una emancipación estética como un espacio proviene directamente de las relaciones que encontramos entre el delito de DF con el territorio. La idea de la emancipación estética fue construir un espacio extraterritorial que permitiría al arte y la cultura dar cuenta de los procesos de memoria, pero también estimular la reflexión y el pensamiento sobre uno de los crímenes de lesa humanidad más atroces y frecuentes en el país.

REFERENCIAS

Alexander, J. (2012). *Trauma, a social theory*. Polity Press

Andreassi, A. (2015). *Emancipación: breve recorrido por el término*. Kult-ur. https://www.aacademica.org/alejandro.andreassi.cieri/5

Ashplant, T. G., Dawson, G. y Roper, M. (2000). The politics of war memory and commemoration Contexts, structures and dynamics Ashplant. En T. G. Dawson y M. Roper (eds.), *The Politics of War Memory and Commemoration.*

Butler, B. (2002). Law as an aesthetic subjetc, en *Aesthetics.*

Capasso, V. (2018). Lo político en el arte. Un aporte desde la teoría de Jacques Rancière. *Estudios de Filosofía*, (58), 215-235. DOI: https://doi.org/10.17533/udea.ef.n58a10

Centro Nacional de Memoria Histórica. (2016). Hasta encontrarlos. El drama de la desaparición forzada en Colombia. https://centrodememoriahistorica.gov.co/descargas/informes2016/hasta-encontrarlos/hasta-encontrarlos-drama-de-la-desaparicion-forzada-en-colombia.pdf

Centro Nacional de Memoria Histórica [CNMH]. (2018). *Desaparición forzada: Balance de la contribución del CNMH al esclarecimiento histórico.* CNMH.

Delacroix, D. (2020). La presencia de la ausencia. Hacia una antropología de la vida póstuma de los desparecidos en el Perú. *Íconos - Revista de Ciencias Sociales*, *67*, 61-74. https://doi.org/10.17141/iconos.67.2020.4141

Douglas, M. (1973). *Pureza y peligro. Un análisis de los conceptos de contaminación y tabú.* Siglo XXI Editores.

Durkheim, E. (1985). *Las reglas del método sociológico.* AKAL.

Estefane, A. (2013). *Materialidad y política en el Museo de la Memoria y los derechos humanos de Chile.* Primavera. DOI: 10.1162/thld_a_0010)

García, N. (2012). Contar a los desaparecidos en Colombia. Educación, lectura y memoria. *Revista Colombiana de Educación*, *62*, 265-285. http://www.scielo.org.co/pdf/rcde/n62/n62a14.pdf

Garrard-Burnett, V. (2015). Living with Ghosts: Death, Exhumation, and Reburial among the Maya in Guatemala. *Latin American Perspectives*, *42*(3), 180-192. https://doi.org/10.1177/0094582X15570881

Gatti, G. (2008). *El detenido desaparecido: narrativas posibles para una catástrofe de la identidad.* Trilce.

Gatti, G. (2011). *Identidades desaparecidas. Peleas por el sentido de los mundos de la desaparición forzada.* Ed. Prometeo Libros.

Gatti, G., Irazuzta, I. y Saez, R. (2020). Los no contados. Desbordamiento del concepto jurídico de desaparición. *Athenea Digital*, *20*(3).

García, S. y Belén, P. (2010). "Desapariciones en serie. Las marcas de lo invisible". Actas de las XIII Jornadas Nacionales de Estética e Historia del Teatro Marplatense. Mar del Plata, Argentina. Ed. Fundación Destellos.

González, E. (2013). Las disputas por la memoria. Las víctimas y su irrupción en la esfera pública. Medellín 2004-2010. *Estudios Políticos*, *42*, 61-84.

Infante del Rosal, F. (2017). Jacques Rancière. Contra-historias estéticas. Daimon *Revista Internacional de Filosofía*, (70), 67-81. https://doi.org/10.6018/daimon/224791

Jaimes, L., López, H. y Mendoza, L. (2020). El arte de recordar: la (im)posibilidad del ejercicio político de la memoria en espacios públicos: Caso de las leyes de impunidad de Argentina. En *Reparación simbólica cultura y arte para nueve casos de violaciones a los derechos humanos*. Universidad Externado de Colombia.

Jean Jean, M. (2020). *Los alcances del arte en la elaboración de acontecimientos traumáticos. Una mirada desde los estudios de la memoria*. Palermo.

Montes, G. (2001). *La frontera indómita. En torno a la construcción y defensa del espacio poético*. Fondo de Cultura Económica.

Muñoz, M. A. (2006). Laclau y Rancière: algunas coordenadas para la lectura de lo político. *Andamios*, *2*(4). http://www.scielo.org.mx/pdf/anda/v2n4/v2n4a5.pdf

Ordóñez, M. (2020). Cuerpos en trance. Paisaje, transición y desaparición en Colombia. *Papeles del CEIC*, vol. 2020/1, papel 227, 1-27. /1http://dx.doi.org/10.1387/pceic.21061).

Piglia, R. (2018). *Respiración artificial*. De Bosillo.

Peña, L. (2019). *Paz territorial: conectando imaginación moral e imaginación geográfica*. Instituto Colombo-Alemán para la Paz (CAPAZ), Documento de trabajo 5-2019.

Rancière, J. (1996). *El desacuerdo*. Filosofía y Política. Nueva Visión.

Ranciére, J. (2004). *Malaise dans l´ethétique París*. Galilée.

Rubiano, E. (2019). *De la conmoción a la empatía: el lugar de las víctimas en el arte colombiano*. Universidad de Granada.

Sierra-Camargo, J. (2014). What are the legal aesthetic? An approach to the notion of "art and law". *Revista Derecho Del Estado*, *32*, 57-76. https://www.scienceopen.com/document?vid=d933dfaa-6ffe-48f3-ae63-b0ddad63ca48

Sierra, Y. (2014). Relaciones entre el arte y los derechos humanos. *Revista Derecho Del Estado*, *32*, 77-100. https://www.scienceopen.com/document?vid=d0377fb9-5053-4132-a0cd-298e9b36299f

Sierra, Y. (2018). Reparación simbólica, litigio estratégico y litigio artístico: reflexiones en torno al arte, la cultura y la justicia restaurativa. *Reparación simbólica: jurisprudencia, cantos y tejidos*. Editorial Universidad Externado de Colombia.

Sierra, Y. (2020). Litigio artístico para Ayotzinapa, *Reparación simbólica cultura y arte para nueve casos de violaciones a los derechos humanos*. Universidad Externado de Colombia.

Tylor, E. B. (1871). Primitive culture: researches into the development of mythology, philosophy, religion, language, art and custom.

Editado por el Departamento de Publicaciones
de la Universidad Externado de Colombia
en diciembre de 2022

Se compuso en caracteres Ehrhardt Regular de 12 puntos
y se imprimió sobre Holmen Book Cream de 60 gramos
Bogotá - Colombia

Post tenebras spero lucem

Made in the USA
Coppell, TX
05 November 2026

11432024R00104